불안한 몸과 마음을 위한 심리상자

Original title: "Corazón y mente"
ⓒ Valentín Fuster, 2008
ⓒ Luis Rojas Marcos, 2008
ⓒ Emma Reverter, 2008
ⓒ Editorial Planeta, S.A., 2008
Diagonal 662-664, 08034 Barcelona (España)
ⓒ Espasa Libros, S.L.U., 2008
Paseo de Recoletos 4, 28001 Madrid (España)

Korean Translation copyright ⓒ 2011 Galmaenamu Publishing Co.
The Korean Edition published by arrangement with
EDITORIAL PLANETA S.A. & ESPASA LIBROS S.L.U. through Literary
Agency Greenbook.

이 책의 한국어판 저작권과 판권은
저작권에이전시 그린북을 통한 저작권자와의 독점 계약으로 도서출판 갈매나무에 있습니다.
저작권법에 의해 한국 내에서 보호를 받는 저작물이므로
무단 전재와 무단 복제, 전송, 배포 등을 금합니다.

심장 전문의와 심리 치료사가 함께 쓴 마음 탐구 보고서

불안한 몸과 마음을 위한 심리상자

발렌틴 푸스터,
루이스 로하스 마르코스,
엠마 레베르테르 공저
유혜경 옮김
문지현 감수

갈매나무

"건강의 절반은 치료하겠다는 욕구에서 온다."
－세네카의 《히폴리투스(페드라)》 중에서

| 감수의 글 |

불안과 두려움을 그냥 가둬둔 채 넘어가고 있는가

"안녕하세요?"

하루에도 몇 번이고 듣는 인사말이지만, 조금만 깊이 생각해보면 그렇게 쉽게 답할 수 있는 말이 아닐지도 모른다는 생각이 든다. 불안한 마음, 즉 '안녕하지 못한 마음'들이 너무 많다는 것을 잘 알기 때문이다.

우리는 누구나 불안을 경험한다. 불안에 빠진 사람은 막연하게 불편한 느낌과 함께 두통이나 두근거림을 느끼고 안절부절못하는 모습을 보이게 된다. 마음에 대한 불안의 영향은 신경이 곤두선 느낌이나 겁에 질린 느낌으로 표현되는데, 생각이나 느낌을 변형시키기 때문에 시공간 감각이나 사람에 대한 판단까지 달라지게 만든다. 또 불안은 주의 집중에도 영향을 미쳐서 학습 효과를 떨어뜨린다. 이런 불안 증세는 몸에도 영향을 미친다. 가슴이 두근거리거나 진땀이 나는 것과 같은 생리 현상을 느끼게 되는 것이다. 불안이 신체적 증세로 나타나면 설사, 어지러움, 혈압 상승, 손발 저림, 손 떨림, 체한 느낌, 갑자기 소변이 마려운 느낌, 안절부절못하는 증상이 올 수 있으며, 심하면 기절하는 경우도 있다.

이처럼 불안은 우리를 힘들게 하지만 좋은 기능도 없지 않다. 불안은 우리가 원하지 않는 어떤 일이 곧 닥칠 거라는 경고 신호이자, 그러한 상황에 대비하도록 우리를 일깨우는 역할을 담당하기 때문이다. 우리는 불안하기 때문에 일을 하고, 불안하기 때문에 공부를 하고, 불안하기 때문에 잠을 자둔다. 불안 때문에 위험을 피할 준비를 하게 되므로 이럴 때는 불안이 꼭 나쁘다고만은 할 수 없을 것이다.

그렇지만 문제는 불안한 상태가 적당한 선에서 끝나지 않는다는 데 있다. 가령 놀고 있자니 불안해서 하던 일이, 쉬는 방법을 잊어버릴 정도의 불안 때문에 삶을 엉망으로 만들기도 한다. 바닥을 기는 성적을 받지 않으려고 공부했는데 시험 볼 때 너무 불안해서 글씨가 눈에 들어오지 않거나 손이 떨려서 답을 적지 못하는 경우도 있다. 한숨 푹 자고 일어나면 몸도 마음도 훨씬 개운할 것 같은데 빨리 자야 한다는 불안 때문에 잠을 이루지 못하기도 한다. 이렇게 불안은 아주 쉽게 우리 삶의 주인 자리를 차지해버린다.

우리가 불안을 느끼게 되는 이유는 개인의 마음에 관한 문제뿐만 아니라 사회적인 정서와도 관련이 있다. 사회적인 존재인 인간은 다른 사람들과 부딪히는 과정에서 끊임없이 불안을 경험할 수밖에 없다. 세상이 나에게 요구하는 모습과 나 자신이 바라는 모습 사이에

조율이 필요한데, 이 균형이 깨졌을 때도 우리는 갈등을 느끼고 불안을 경험하게 된다.

영화 〈블랙 스완〉은 사회에서 요구하는 역할과 실제 자신의 모습 사이의 불균형 때문에 불안에 빠진 인물을 잘 그려낸 작품이다. 발레리나인 주인공 니나(나탈리 포트먼 분)는 완벽주의와 불안 사이에서 스스로를 망가뜨려가는 인물로 그려졌다. 니나에겐 자신이 꿈꾸는 이상이 있고, 자신에게 더 완벽한 모습을 보여줄 것을 요구하는 사회가 있다. 그러나 니나는 자신의 한계를 분명하게 알고 있었기 때문에 불안해하고 괴로워할 수밖에 없었다.

이 영화의 주인공처럼 불안을 심하게 느끼고 압박감을 느끼는 사람이 흔하지는 않을 것이다. 그러나 우리 주변에서 심심치 않게 들려오는 자살 이야기는 불안에 대해 더 이상 강 건너 불구경할 처지가 아니라는 생각을 갖게 한다. 2011년 7월 6일자 〈뉴욕타임스〉 아시아 퍼시픽 판에서는 스트레스를 받고 우울해하는 한국인들이 치료를 거부한다는 기사를 실은 바 있다. 이 기사는 "과로하고 스트레스에 절어 있으면서 불안에 사로잡힌 한국인들이 국가적인 신경 쇠약에 빠지기 일보 직전"이라고 했다. 또 "하루에 30명이 넘는 사람들이 자살하고 연예인과 정치인, 운동선수와 사업가들, 대학생과 교수들이 자살이라는 극단적 선택을 하는데 그러면서도 불안과 우울,

스트레스에 대한 치료를 받는 것에는 부정적"이라고 덧붙이기도 했다. 지나치게 편견에 사로잡힌 시각이라고 말할 수 있다면 좋겠지만, 피부에 와 닿는 현실은 어쩔 수 없이 고개를 끄덕이게 만든다.

우리 인간의 특성 중 하나가 눈에 보이는 것에 대해서는 쉽게 관심을 기울이지만 눈에 보이지 않는 것에 대해서는 투자를 하거나 주의를 기울이기가 쉽지 않다는 점이다. 그러나 가장 중요한 것은 눈에 보이지 않는 법이다. 단 며칠이라도 생명을 연장하고 싶은 불치병 환자들의 소망이 무색할 만큼, 생명의 불꽃을 자기 손으로 거두는 비극적인 결말을 선택하는 사례가 점점 더 늘어나고 있다. 불안하고 아픈 마음을 제때 돌보지 않은 탓이다. 제아무리 몸이 튼튼한 사람이라도 마음의 건강에 관심을 두지 않는다면 인생의 가치에 대해 제대로 깨닫지 못한 사람이라고 할 수 있다.

사람들은 몸의 건강을 위해서는 운동을 하고 좋은 음식을 챙겨 먹고 미리미리 검사를 받아 확인하는 등 적극적인 노력을 하면서도 정작 마음을 돌보는 것은 뒷전으로 밀어놓는 경향이 있다. 물론 마음에 문제가 생겼을 때마다 풀고 넘어간다는 것이 말처럼 쉽지는 않다. 어려서 입은 마음의 상처가 이후의 삶을 부정적인 방향으로 결정하는 경우 역시 허다하다. 그러나 마음의 문제라고 해서 해결할 방법이 아예 없는 것은 아니다. 막연한 불안을 느끼거나 마음의 상처 때문에 힘들어하고 있다면 대충 덮어두지 말고 그 문제에 한걸음 다가서서 해결해보려는 노력을 하는 것이 중요하다. 그것만으로도 우리는 얼마든지 좀 더 좋은 삶의 길을 발견하게 될 것이다.

　이 책 《불안한 몸과 마음을 위한 심리상자》는 불안에 대하여 이야기하면서 인간의 몸과 마음이 생각보다 매우 깊은 연관관계가 있다는 메시지를 전하고 있다. 그리고 몸의 질병을 치료하듯이 마음을 잘 돌보았을 때라야 진정으로 '안녕한 상태'라고 볼 수 있다는 점을 역설하고 있다. 이 책에는 몸의 질병과 마음의 문제를 함께 안고 있는 사람들의 이야기가 사례로 나온다. 그들 가운데는 신체 증상으로 나타나는 마음의 질병을 앓는 사람도 있고, 실제로 몸에 병이 있지만 마음의 문제 때문에 더욱 확대된 증상으로 고통받는 사람도 있다.

　이러한 몸과 마음의 연관성은 정신의학에서도 '정신신체의학'이라는 별도의 분야로 다루어질 만큼 중요하다. 사람의 몸과 마음은 따로 떼어 생각할 수 없는 연합체라는 것이 정신신체의학의 기본 개념이다. 그래서 정신신체의학에서는 어떤 환자가 무슨 병을 앓든지 간에 그가 경험하는 심리적인 요소들을 함께 고려해야 한다고 본다. 모든 신체 질환이 다 마음의 병에서 비롯된다고 말할 수는 없지만, 스트레스에 의한 몸의 반응이 신경전달물질이나 내분비 체계와 면역계 전반을 아우르는 것을 보면 몸과 마음의 연결은 상상 이상으로 섬세하게 짜여 있는 것이 분명하다는 생각이 든다.

　굳이 복잡하게 설명할 필요 없이, 주변을 둘러보면 더 잘 알 수 있다. 가령 똑같은 사건 사고를 경험해도 아무 문제없이 잘 지내는 사람이 있는가 하면 충격 때문에 외상 후 스트레스 증후군(PTSD라고도 하며, 불안 장애의 한 종류다)을 앓는 사람도 있고, 괜찮아 보이는 '마음'과 달리 소화성 위궤양(스트레스와의 연관성이 잘 알려진 내과 질환 중 하나다)을 앓는 사람도 있다. 이런 것을 생각하면 최근에 대체 의학 쪽에서 강조하는 '전인 치유'와 같은 개념을 주류 의학계도 좀 더 관심을 갖고 연구할 필요가 있어 보인다.

정신과 의사로서 항상 조심스러운 부분들이 있는데 바로 이런 점들이다. 가슴 언저리가 답답하고 뻐근하다고 정신건강의학과를 먼저 찾는 사람들은 없다. 만일 있다고 해도 정신과 의사는 먼저 그 '가슴 언저리'에 정말 문제가 없는지 확인하고 오도록 권하곤 한다. 그런데 내과나 다른 과를 찾아가서 온갖 진료와 검사를 다 받고 몸에 아무 이상이 없다는 확인을 받고도 마음의 문제를 의심하지 않는 사람들이 있다. 이들은 계속 같은 증상으로 힘들어하면서도 정작 와야 할 정신건강의학과는 가장 늦게 찾는다.

특별히 이 책이 더 반가운 이유는 정신의학자와 심장 전문의가 함께 이야기를 풀어간다는 점이다. 저자들은 한 사람이 겪는 문제를 마음의 문제로만 몰아붙이지도, 몸의 병으로만 치부하지도 않는다. 양쪽 가능성을 고르게 감안하는 저자들의 시각은 환자의 몸을 치료하는 의사, 환자의 마음을 치료하는 의사로 구분하던 이분법적 시각에서 벗어나 균형을 잡을 수 있는 기회를 준다.

바라건대 이 책을 통해 우리 마음의 깊숙한 서랍 속에서 덜컹거리는 과거의 상처들, 현재 경험하고 있는 혼란과 아픔들, 미래에 대한 불안과 두려움들을 그냥 그렇게 가둬둔 채로 넘어가지 않았으면 한다. 그보다는 햇빛 좋은 날에 하나씩 꺼내어 잘 다루어서, 그들이 정말 있어야 할 자리에 가지런히 잘 놓일 수 있도록 해야 한다. 무엇이든 있어야 할 곳에 있다면 그 자체로는 아주 큰 문제가 아닐 수 있기 때문이다. 이 책을 통해 우리는 상처는 교훈을 주는 자리에 두고, 혼란과 아픔은 내가 갖고 있는 것에 감사하는 기회로 삼고, 불안과 두려움은 미래를 준비하게끔 격려하는 자리에 두는 경험을 할 수 있을 것이다.

정신과 전문의 문 지 현
(미소의원 원장)

감수의 글 불안과 두려움을 그냥 가둬둔 채 넘어가고 있는가
　_ 문지현(정신과 전문의) ● 5
서문 편안한 몸과 마음의 비밀 ● 15

1부 나를 짓누르는 강박증의 실체

첫 번째 이야기 "엄마, 가슴이 쉴 새 없이 두근거리고 있어요!" ● 24
　심리상자 ❶ 문제가 있음을 인식하는 것이 시작이다 ● 31
두 번째 이야기 산다는 것은 위험을 감수하는 일이다 ● 41
　심리상자 ❷ 근거 없는 불안감의 정체 ● 47
세 번째 이야기 "나는 큰 병에 걸린 게 틀림없어." ● 54
　심리상자 ❸ 동지를 만나다 ● 61
네 번째 이야기 "뚱뚱해 보이는 게 싫어요." ● 67
　심리상자 ❹ 육체와 정신의 목숨을 건 싸움 ● 73

2부 결핍이 만들어낸 마음의 병

다섯 번째 이야기 "외로워서 먹었을 뿐이에요." ● 82
　심리상자 ❺ 목표를 달성하는 기쁨에 대하여 ● 92
여섯 번째 이야기 모든 사람에게 버림받은 자의 슬픔 ● 97
　심리상자 ❻ 언제까지나 위로를 받고 싶은 속내 ● 104
일곱 번째 이야기 누구나 겪을 수 있는 우울증 ● 108
　심리상자 ❼ 보통의 슬픔과 우울증을 구분하는 법 ● 115

3부 중독의 늪에 빠진 사람들

여덟 번째 이야기 모든 것이 불만이며 아무것도 하고 싶지 않다 • 128
   심리상자 ⑧ 자신에게서 도피하지 않는 연습 • 134
아홉 번째 이야기 "내가 어떻게 여기까지 올라왔는데…." • 138
   심리상자 ⑨ 성공보다 소중한 것 • 145
열 번째 이야기 죽음보다 더 깊은 고통을 잊기 위해 • 148
   심리상자 ⑩ 병은 삶에 대한 관점을 바꾸어준다 • 154

4부 마음을 지배하는 관계의 문제

열한 번째 이야기 대화를 하지 않는 것이 문제다 • 162
   심리상자 ⑪ 지금 옆에 있는 사람과 행복하라 • 167
열두 번째 이야기 가족 간의 갈등이 가장 힘들다 • 171
   심리상자 ⑫ 누구에게나 회복 탄력성이 있다 • 178
열세 번째 이야기 내 비밀을 절대로 들키고 싶지 않다! • 185
   심리상자 ⑬ 누구에게나 비밀은 있다 • 190
열네 번째 이야기 언제 죽을지 모른다는 두려움을 다루는 법 • 196
   심리상자 ⑭ 타인과 두려움을 공유하는 연습 • 203

5부 '나'를 만나는 시간

열다섯 번째 이야기　내가 진짜로 원하는 것은 무엇인가 • **210**
　　심리상자 ⑮　마음은 거짓말을 하지 않는다 • **217**

열여섯 번째 이야기　일자리를 잃은 것인가, 세상을 잃은 것인가 • **222**
　　심리상자 ⑯　현실 도피로는 해결할 수 없다 • **227**

열일곱 번째 이야기　어떻게 죽을 것인가 • **232**
　　심리상자 ⑰　죽음을 대하는 여러 가지 시선 • **238**

열여덟 번째 이야기　살아가는 법과 늙어가는 법 • **244**
　　심리상자 ⑱　건강한 자존감이 중요하다 • **250**

| 서문 |

편안한 몸과 마음의 비밀

우리 인간이 가지고 있다고 분명하게 말할 수 있는 유일한 것이 있다면 무엇일까? 그건 바로 우리 존재에 형태를 부여하는 '육체'일 것이다. 살과 뼈의 실체 말이다. 산소, 수소, 탄소, 질소, 칼슘, 철 및 그 밖에 고체와 액체, 가스로 된 많은 화학 요소들이 경이롭게 혼합된 인간의 유기체는 70조 개에 달하는 세포들로 구성되어 있다. 이 세포들은 서로 연결되어 있으며 매우 역동적이고 활력이 넘친다.

자신의 몸에 대한 자각은 각자의 개성을 구축하는 가장 중요한 기둥이 된다. 태어난 지 몇 주일밖에 안 된 갓난아이들이 자신의 손과 발을 움직여 할 수 있는 것을 의식하고 이를 표현하는 즐거운 반응을 보면 잘 알 수 있다.

또 우리 인간은 몸의 감각 기관과 다양한 수용기受容器를 통해 이 세상을 인지하고, 세상과 관계를 맺는다. 그리고 어떤 감각 기능이 원활하지 못할 때는 다른 감각을 더 예민하게 키움으로써 부족한 감각을 보충하려고 한다. 장님에다 농아였던 미국의 작가 헬렌 켈러가 그 대표적인 예이다. 그녀는 자신의 저서 《나의 생애 The Story of My Life》에서 후각은 "우리가 살았던 세월로 우리를 데려다주는 매혹적이고 강력한 감각"이 되었고, "순간적으로 사라지는 냄새는 내 심장을 기쁨으로 확장시키거나 아니면 고통의 기억에 사로잡히게 한다"고 털어놓기도 했다.

신체의 각 기관들은 저마다 우리 존재에 꼭 필요한 역할을 수행한다. 그 모든 기관을 살아 있게 하는 모터는 바로 심장이다. 놀랍고 신비로울 정도로 지칠 줄 모르는 이 기관은 하루에도 확장과 수축을 천 번 이상 반복한다. 그리고 수백 미터에 달하는 혈관을 통해 1분당 6리터의 피를 펌프질하면서 생명 에너지를 회복하는 데 필요한 산소와 호르몬 및 영양 물질을 운반한다. 인간은 아직까지 심장처럼 완벽한 기계를 만들어내지 못했다. 가령 대양을 건너며 수백 명의 승객을 실어 나르는 비행기는 정기적으로 엔지니어의 수리를 받아야 하지만, 심장은 스스로 혈압을 감지하고 조절할 수 있으며 게다가 몇 십 년 동안 지치지 않고 뛸 수 있으니 말이다.

심장 근육의 놀라운 힘과 능력 덕분에 모든 세포는 매일 정확하게 영양을 공급받는다. 그렇지만 다른 무엇보다 중요한 심장의 사명은 부드럽고 따뜻하고 박동하는 덩어리, 또 수백만 개의 신경으로 구성되어 수많은 연결점으로 이루어진 그 거대한 덩어리를 살아 있게 하는 것이다. 그 거대한 덩어리는 두개골의 앞쪽 상단에 위치해 있으며, 이것을 우리는 '뇌'라고 부른다. 신경세포가 모여 있는 이 뇌에서 바로 인간의 정신이 형성된다. 뇌에서 의식의 불이 켜지고, 자기 성찰이 이루어지며, 정체성이 형성되고, 언어가 다져지고, 자존감이 키워지고, 성격이 개발되며, 감정과 생각이 무르익고, 행동을 안내받는 것이다. 정신이 없는 인간을 상상할 수 있는가. 우리가 지금 생각하는 것처럼 생각할 수 없고 지금 느끼는 것처럼 느끼지 못하는 양심이 없는 존재를 어떻게 상상할 수 있겠는가.

한 가지 흥미로운 점은 인간이 감정적인 존재인 것은 심장 때문이라는 믿음이 보편적으로 더 우세하다는 점이다. 인간이 느끼는 느낌이나 욕구, 열정의 근원지가 다름 아닌 뇌라는 분명한 증거들이 있음에도 말이다. 오랜 시간 동안 사람들은 심장 근육과 기분 상태에 서로 밀접한 상관관계가 있다고 직감했다. 적어도 은유적 표현들로 살펴봤을 때는 확신에 가까웠던 것 같다. 이런 생각은 우리가 쓰는 말들에 분명하게 나타나 있다. 가령 사람들은 괴로운 상황이나 감동적인 소식을 접하면 '심장이 오그라들거나', '심장이 찢어진다'고 표현한다. 차갑고 자기 감정을 밖으로 잘 드러내지 않는 사람을 보면 우리는 '돌심장'을 가진 사람이라고 말하기도 한다. 현명하고 너그러운 사람에게는 '황금 심장'이나 '크나큰 심장' 혹은 '착한 심장'을 가지고 있다고 말한다. '심장이 터질 것 같은' 흥분된 순간이나 '심장을 열어젖히고' 다른 사람을 신뢰하는 상황도 있다. 선택하기 어려운 일을 앞두었을 때 '심장이 시키는 대로' 결정하기도 한다. 혹은 생텍쥐페리가 《어린 왕자》에서 암시했던 것처럼 눈앞에 펼

처진 상황을 "심장으로 바라보게 된다. 가장 중요한 것은 눈으로는 보이지 않기 때문이다."

실제로 몸과 마음은 밀접한 관련이 있고 영원히 서로 연결되어 있으며 둘이 모여 하나를 이룬다. 몸과 마음은 쌍방향으로 연결되어 있으며 이런 연결은 여러 가지 방식으로 이루어진다. 예를 들어 마음에 이상이 있을 경우, 심장 질환과 비슷한 증세가 나타날 때가 많다. 정신건강의학과를 방문하는 우울증, 불안증 환자가 흔히 호소하는 증상 중의 하나가 심장 관련 증상인 것만 봐도 알 수 있다. 그들은 "이유 없이 가슴이 두근거려요", "심장 소리가 너무 크게 들려서 불안해요", "가슴이 답답해서 터질 것 같아요"라며 심장의 통증을 호소한다.

실제로 마음의 문제는 심장 질환에 영향을 미친다. 우선 스트레스와 관련해서 다양한 연구 결과가 보고되고 있다. 가족이나 친구 같은 정서적 관계에 문제가 있는 심장 질환 환자가 사망률이 더 높다는 연구 결과가 있으며, 일과 관련된 스트레스와 부부 관계에서의 스트레스도 심장 질환에 부정적인 영향을 미친다고 보고된다. 우울증과 관련해서는 허혈성 심장 질환 환자의 20% 정도가 우울증에 시달리는 것으로 나타났다. 또 우울증 이외에 불안과 분노, 적개심 등의 감정 문제 또한 심장 질환에 부정적인 영향을 준다는 연구 결과도 주목할 필요가 있다.

이런 연구들은 다양한 스트레스와 감정의 변화가 호르몬과 신경계의 변화로 이어져 심장 질환에 영향을 미치는 것이라고 설명한다.

즉, 스트레스와 불안한 감정의 상태가 지속되면 신체 내의 호르몬과 자율신경계에 변화가 생기고, 그로 인해서 심장 질환에 악영향을 미치게 된다는 것이다.

따라서 인간의 몸을 이해하려면 먼저 정신을 이해해야 한다. 그리고 정신을 이해하려면, 다시 말해 생각하고 좋아하고 공상하고 느끼는 우리 존재의 부분을 이해하려면 몸을 이해하는 것이 중요하다. 실제로 체력과 정신력이 모순되는 경우는 거의 없다. '건강한 육체에 건강한 정신이 깃든다'는 아주 오래되고 보편적인 격언 또한 같은 맥락이다. 우리는 세계보건기구WHO가 건강에 대해 '신체적, 정신적 및 사회적으로 완전히 안녕한 상태'라고 정의를 내린 바 있다는 사실도 잊지 말아야 할 것이다.

심장 전문의와 정신의학자인 우리 두 저자는 꽤 오래전부터 이 책을 쓰겠다고 생각해왔다. 우리는 각자 뉴욕의 의료기관과 병원, 대학에서 일을 해왔고 거의 20년 동안 학회와 행사에서 자주 만날 기회가 있었다. 그리고 언젠가부터 우리는 서로에게서 중요한 공통점을 발견했다. 우리는 둘 다 심장과 마음의 상관관계를 밝히면서 마음 건강의 중요성을 설명해주는 책을 쓰고 싶다고 생각하고 있었던 것이다. 하지만 각자 워낙 바빴던 탓에 오랫동안 추진하지 못하고 있었다. 그런데 어느 날 실제 환자들의 사례를 통해서 우리가 전달하고자 하는 메시지를 더 분명하고 구체적으로 보여줄 수 있겠다는 아이디어가 떠올랐다. 마침내 생각을 행동에 옮길 때가 온 것이다.

우리 두 사람은 엠마(이 책의 공동 저자)에게 환자 열여덟 명의 사례를 흥미로운 '이야기'로 만들어달라고 부탁했다. 실제 사례들을 활용해 이야기를 구성하되, 이름과 직업 등 환자의 개인 정보는 가상으로 꾸미기로 했다. 이렇게 우리 세 사람이 공동으로 작업한 결과는 마침내 열여덟 편의 이야기로 탄생했다. 각 이야기의 주인공들은 다양한 연령대의 남녀로 각기 다른 사회경제적 상황을 갖고 있으며 심장의 문제와 더불어 심리적 문제를 안고 있었다. 이들은 대부분 장기 치료를 받아야 했는데, 치료 과정에서 가족이나 사랑하는 사람들의 도움과 의학 및 심리학 전문가들의 노력이 없었다면 힘들었을 것이다.

각각의 이야기는 환자의 증세와 문제로 시작하여 신체와 심리에 관한 진단을 내리고, 주인공이 앓고 있는 병을 예방하거나 치료하는 방법, 그리고 이 사례가 제기하는 문제에 관한 우리의 심리적 고찰로 이어진다. 이 이야기들을 이끌어가는 '나'는 심장 전문의인 발렌틴을 가리킨다는 것을 미리 밝혀둔다. 또한 '마음 치유를 위한 심리상자'는 주로 정신의학자인 루이스의 관점에서 문제를 풀어나가고 있으니 참고하면 좋을 것이다.

우리는 이 책을 통해 수십 년 동안 의학계에 종사하면서 깨달은 육체와 정신의 깊은 상관관계, 감정이입을 통한 치료의 중요성 등을 알리고 싶었다. 건강하고 행복한 삶을 살기 위해서는 질병과의 싸움에서 이겨야 하는 것은 물론이다. 그리고 삶에서 피할 수 없는 신체적, 정신적 고통에서 스스로를 보호해주는 인간의 건강한 본성을 갈고닦아야 한다. 나아가 역경을 극복하는 능력을 키우는 것도 중요하다.

 아무쪼록 우리가 들려주는 몸과 마음의 건강에 관한 이야기와 개념들이 부디 사랑하는 독자 여러분에게 흥미롭고 유익하게 다가가기를 바란다. 무엇보다도 힘들고 지친 마음을 치유하는 데 도움이 되기를 진심으로 바란다.

심장 전문의 발렌틴 푸스터,
정신의학자 루이스 로하스 마르코스

때로는 정신적 질병이 신체적 질병으로 전환될 때가 있다. 그렇기 때문에 심리적 범주에서만 설명할 수 있는 신체적 질병도 있다. 이런 신체적 질병의 증상 중에는 일반적인 통증, 소화기 기능의 변화, 신경 혹은 생식기의 문제, 감각이나 운동 장애, 경련 등이 포함된다.

정신의학에서는 '전환 장애'라고 부르는 이 병은 무의식적으로 유발되는 증세이며 신체적인 원인도 없다. 또 반사 운동 기능이나 몸의 감각 기능에 영향을 준다. 이론적으로 설명하자면 심리적인 갈등을 자신도 모르는 사이 신체적인 증세로 전환시킨다는 것이다. 예를 들면 자신도 모르게 통제력을 잃거나 누군가를 공격하는 것에 대한 두려움을 느끼는 환자가 이 두려움을 마비 증세나 시각 장애 혹은 언어 장애로 전환하는 식이다. 이런 전환 증세는 불쾌하고 껄끄러운 상황을 피할 수 있게 해준다. 또는 평소에 기대할 수 없었던 도움과 이익을 누리는 것과 같은 부수적인 혜택도 가져다준다.

1부

나를 짓누르는 강박증의 실체

첫 번째 이야기

"엄마, 가슴이 쉴 새 없이 두근거리고 있어요!"

- **이름** 데이비드
- **나이** 7세
- **성별** 남자
- **증상** 피로와 가슴이 두근거리는 증세

한 부부가 일곱 살짜리 아들과 함께 병원을 찾아왔다. 아버지는 대학교수였고, 어머니는 서점을 운영하고 있었다. 그리고 어린 환자는 그 부부의 외아들이었다. 소아과 의사의 추천으로 나를 찾아온 것이었다.

"얼마 전부터 아이가 자주 피곤해하고 가슴이 심하게 두근거린다고 불평을 했어요."

소아과 의사는 '청진기를 통해 아이의 심장에서 잡음이 감지된다'고 전해왔고, 부모들은 아들이 심장병에 걸렸을까봐 몹시 걱정하고 있었다.

내가 가장 먼저 취한 조치는 어린 환자 데이비드와 이야기를 나누는 일이었다. 데이비드는 사립학교를 다니고 있으며 몸을 조금만 움직여도 금세 피곤해진다고 했다.

"특히 계단을 오르거나 학교 운동장에서 놀면 더 심해요. 물론 체육보다는 컴퓨터 앞에 있는 것을 더 좋아하기 때문에 운동장에서 자주 놀지는 않지만요."

나와 이야기하는 동안에도 데이비드는 몹시 피곤해 보였고, 평소에 잠을 푹 자지 못한다고 했다. 특이한 것은 데이비드의 심장이 수업 시간에 더 빨리 뛴다는 사실이었다.

데이비드는 키에 비해 몸무게가 지나치게 많이 나가는 편이었다. 당시 데이비드는 키가 122cm였고 몸무게는 33kg으로 신체비만지수BMI, Body Mass Index(체질량지수)[1]는 22였다. 이 수치는 데이비드가 비만의 범주에 속한다는 뜻이었다. 그러고 나서 나는 데이비드의 심장 잡음heart murmur(의사들이 환자의 심장에 청진기를 대고 들을 때 나는 부수적인 소리)이 걱정할 수준이 아니라는 것을 확인할 수 있었다.

나는 데이비드의 부모와도 이야기를 나눴다. 혹시 그들이 과도한

---

[1] 신체비만지수는 체중(kg)을 키(m)의 제곱으로 나눈 값이다. 즉 데이비드의 경우는 $33/1.22^2$을 계산한다.

목표를 설정해놓고 그것을 아들에게 강요하고 있는 것은 아닌지 물어보았다.

"우리에겐 데이비드의 성적이 가장 중요해요. 그래서 아이가 아주 어렸을 때부터 기회 있을 때마다 이렇게 말해왔죠. '일류 대학에 수석으로 입학해서 박사학위를 취득하고 주임교수가 되기 위해서는 최선을 다해 노력해야 한다'고요."

결국 나는 다음과 같은 진단을 내릴 수밖에 없었다. '부모로부터 공부를 강요받는 아이가 불안에 시달리고 있음.'

데이비드는 학교에 가면 심장이 더 심하게 두근거린다고 했다. 그 이유는 자신의 가치를 보여주어야 하는 곳이 바로 학교였기 때문이다. 아이는 불안에 시달리느라 잠도 제대로 못 잤고 그래서 쉽게 지쳤던 것이다.

한편으로 불안은 대체로 비만의 원인이 된다. 데이비드도 마찬가지 경우였다. 학교에서 집으로 돌아오면 아이는 과자와 단것들로 배를 채웠다. 학교에서는 피곤해지지 않기 위해 운동을 기피했다. 즉 습관을 바꾸지 않으면 결코 빠져나오기 힘든 악순환을 계속해서 반복하고 있었던 것이다. 운동을 적게 할수록 살은 더 찌고 그래서 운동을 하는 것은 점점 더 어려워졌다. 그리고 이런 모든 증상은 부모의 지나친 요구 때문에 생긴 불안에 대한 반응이었다.

과도한 목표가 불안을 야기한다

나는 데이비드와 그의 부모를 따로 만나 이야기하기로 했다. 데이비드에게는 다른 무엇보다 중요한 것이 자기 자신에 대해 만족하는 것이고, 마음을 편하게 갖는 것이라고 말해주었다. 아이는 내 말을 잘 알아들었다. 이해력이 빠른 아이였다. 결과적으로 데이비드는 부모가 정해놓은 과도한 목표를 달성하기 위해 온 힘을 다하고 있었기 때문에 괴로웠던 것이다. 더구나 그것은 그 또래의 아이에게는 별 의미가 없는 목표였다. 나는 데이비드가 해야 할 일이 무엇인지 알려주었다.

"먹는 것을 줄이되 건강에 좋은 음식을 먹고, 좋아하는 운동을 하면서 컴퓨터 앞에서 보내는 시간을 줄여야 한단다. 하루에 한두 시간 정도로 말이다."

대체로 어린 나이에 건강한 습관이 몸에 배면 성인이 되었을 때 큰 도움이 된다. 어렸을 때는 언어를 배우거나 악기를 배우기가 더 쉬운 것처럼, 건강을 관리하는 습관을 익히는 것도 더 쉽다. 그러므로 성인이 되어 생길 수도 있는 심근경색에 미리 대비하고, 운동하는 습관과 건강하게 먹는 습관이 몸에 배도록 어린 시절부터 관리하는 것은 매우 중요하다.

의사들이 어린이에게 추천하는 식단은 성인을 위한 식단과 별로 다르지 않다. 매일 과일과 야채, 곡물 및 생선을 먹으며 영양을 골고

루 섭취하고, 물도 충분히 마셔야 한다. 반면 가공식품과 빵, 당분이 많이 포함된 음식, 탄산음료 등은 되도록 제한하는 것이 좋다. 가령 어떤 아이가 운동을 전혀 하지 않고 균형이 깨진 식사를 계속한다면, 혈관에 지방이 쌓이기 시작할 것이다. 그 상태로 어른이 된다면 매우 심각한 수준의 심장 질환으로 고통받게 될 수도 있다.

새로운 접근 방법이 필요하다

규칙적으로 운동을 하면 과체중을 막을 수 있을 뿐만 아니라 아이의 자존감까지 개선해준다. 이 경우 점차 몸이 반응을 하면서 민첩해지고 체력이 강해지는 것을 느낄 수도 있다. 이것이 바로 내가 어린 환자에게 전해주고 싶은 메시지였다.

이 일련의 상황에서 가장 아이러니한 부분은 아이는 제대로 반응을 했지만, 부모는 그렇지 않았다는 점이다. 그들은 내가 내린 진단을 받아들이려고 하지 않았으며 내가 데이비드의 심장에 문제가 있는 것을 찾아내지 못했다고 주장했다.

그들의 격앙된 반응에도 불구하고 나는 아이의 행복과 건강이 성적보다 더 중요하다는 말을 해주기로 결심했다. 또 데이비드에게 두 가지 문제점이 있는 것 같다고 설명했다. 하나는 그에게 주어진 학업과 관련한 과도한 목표가 불안을 야기했다는 점이었다. 또 하나는 아이의 건강상의 문제가 이제 막 나타나기 시작한 만큼 앞으로 생활습관을 바로잡지 않는다면 장차 심각한 문제를 초래할 것이라는 사실이었다.

계속해서 나는 그들의 아들이 학자가 되어야 한다는 강박관념에 관해서도 지적했다.

" '반에서 1등을 해야 한다' 거나 '앞으로 일류 대학에 가려면 평균 A학점을 받아야 한다' 고 주입식으로 강조하는 것은 잘못된 일 같군요. 현실이 되지 않을 수도 있는 꿈과 목표를 강요하면서 중압감을 줄 것이 아니라 공부의 중요성이나 공부법을 아이에게 들려주는 것이 더 건설적이지 않을까요? 가령 구체적인 시간표를 만들어서 공부를 하거나 숙제를 하게 하고, 텔레비전 시청 시간을 협의하여 제한하고, 밤에 잠을 잘 자게 도와주는 식으로 말이지요."

적절한 방법을 사용했을 때 아이는 양보할 수 있는 것을 양보하고, 자신의 능력과 태도에 따라 도달할 수 있는 곳까지 도달하게 된다. 그러나 데이비드의 부모는 이 새로운 접근 방법을 받아들일 준비가 되어 있지 않았다. 성인들은 대개 굳어진 가치관과 원칙의 틀을 가지고 있어서 새로운 제안을 쉽게 받아들이지 않는다. 자녀를 돌보고 교육하는 방법에 관해서도 그들은 자신들의 생각이 바람직하지 않을 수도 있다는 사실을 좀처럼 받아들이지 않는다. 이 부부 역시 세상을 바라보고 행동하는 데 있어서 고정된 시각을 고수하려 하고 있었다.

결국 그들은 내 진단을 받아들이지 않고 다른 의사를 찾아갔다.

그 의사는 내가 데이비드에게 불필요하다고 생각하여 제외시켰던 검사를 모두 실시했다. 나는 내 진단에 확신이 있었다. 그렇기 때문에 아이에게 필요하지 않은 검사를 그저 부모들을 진정시키기 위해 해야 할 이유를 찾지 못했다. 우리 분야에서 이런 일은 의외로 자주 일어난다. 그러나 환자나 가족의 고집이 의사의 판단을 좌우해서는 안 된다. 그렇게 되면 불필요하고 비싼 검사를 수없이 해야 하기 때문이다.

그로부터 1년 뒤, 데이비드의 부모는 내게 전화를 걸어 고맙다는 말을 전했다. 아이는 이제 그 어떤 심장병도 앓고 있지 않았다. 데이비드의 부모는 아이가 불안증에 시달리게 된 것이 자신들의 과도한 요구 때문이라는 사실을 비로소 깨달은 것이다.

문제가 있음을 인식하는 것이 시작이다

　서양에서는 20세기 초까지도 아이들에게 권리가 없었으며, 기본적으로 자녀를 실리 추구의 도구로 여겼다. 부모들은 자신의 물질적인 이익을 위해 주저 없이 자식들을 이용했으며, 그것이 그다지 어려운 일은 아니었다. 아이들은 값싸고 고분고분하고 안정적인 노동력이었기 때문이다. 그러나 유년기에 대한 이런 인식은 최근 몇 십 년을 기점으로 크게 변화를 맞았다. 유년기는 심리적으로 인격 형성에 중요한 시기라는 지식이 널리 알려진 덕분이다. 이제 어린이의 삶의 질이 눈에 띄게 개선되었다는 것을 의심할 사람은 아무도 없을 것이다. 교육은 더 이상 몇몇 소수만 누릴 수 있는 특권이 아니라 보편적인 의무가 되었다. 지금처럼 어린이에게 관심을 쏟고 존중하고 보호했던 시기는 일찍이 없었다.
　거의 모든 심리학 이론은 유아의 성장은 아이에 대한 부모의 행동과 태도에 의해 결정된다고 주장한다. 이런 주장이 세대를 거듭해오면서 전문가들조차 부모가 자녀들에게 결정적인 영향을 미치는 유일한 출처라는 잘못된 믿음을 갖기도 했다. 부모들 중에도 자신이 자녀의 발전을 통제하고 미래를 결정하는 사람이며, 자녀의 장점과 결점, 심지어 자녀의 심리적인 문제(장애)까지 모두 부모의 책임이라는 잘못된 믿음을 신봉하는 사람들이 매우 많다. 건강한 자녀를 둔 부모에게 이런 믿음은 비록 착각이긴 하지만 어쨌든 자부심을 갖게 해준다. 그러나 문제가 있는 자녀를 둔 부모들에게는 무력감과 불안감, 죄책감만 안겨줄 뿐이다.

실제로 아이들은 그들이 속해 있는 가족과 학교, 사회 및 문화적 환경과 유전적인 영향이 상호작용한 결과로 나타난 존재들이다. 세월이 흐르면서 이런 상호작용은 타고난 잠재력을 성장시킬 수도 있고 저해할 수도 있다. 그렇기 때문에 아이들의 착한 행동과 나쁜 행동의 책임이 어느 정도는 부모에게 있다는 것을 부인할 수는 없지만, 사실 부모가 자녀에게 미치는 영향이 결정적인 것은 아니다.

아이는 부모의 욕구와 기대에 부응하여 대리만족을 시켜주는 존재도 아니고 보호자의 취향에 맞게 만들 수 있는 수동적인 존재도 아니다. 칼릴 지브란의 시집 《예언자》(1923)에는 이런 대목이 나온다. "우리의 자녀는 우리의 자녀가 아니라, 불멸을 꿈꾸는 삶에 대한 갈망이 낳은 자녀들이다. 그리고 비록 우리 곁에 있지만, 그들은 우리에게 속한 존재가 아니다. 우리는 그들에게 사랑은 줄 수 있되 생각은 줄 수 없다. 자신들의 생각을 가지고 있기 때문이다. 우리가 그들의 육체를 지배할 수는 있지만 영혼을 지배할 수는 없다. 그들의 영혼은 우리의 꿈과는 거리가 먼 미래의 집에 살기 때문이다. 우리가 그들처럼 되기 위해 노력할 수는 있지만, 그들이 우리처럼 되게 만들어선 안 된다. 왜냐하면 삶은 뒷걸음을 치거나 어제에 머물지 않기 때문이다."

무엇이 '나의 것' 인가?

데이비드의 이야기는 소비와 경쟁을 부추기는 사회에서 볼 수 있는 전형적인 사례다. 이런 사회에서 자녀를 키우는 부모는 간혹 자녀를 자신의 허황된 꿈을 실현하거나 자부심을 키워줄 엄청난 기회로 보기도 한다. 이런 부모들은 자녀를 독립적인 존재로 간주하지 않고 자기 자신의 연장이라고 생각한다. 실제로 데이비드의 아버지는 "어쨌든 내 아들은 내 정체성에 영향을 줄 것이고, 다른 사람들이 나에 대해 갖고 있는 생각에도 영향을 줍니다"라고 말했다. 이런 부모는 근본적으로 '나의my'와 '나의 것mine'이란 개념을 혼동하여 자녀의 정체성을 규정지으려 든다.

심지어 자녀가 생기기 이전부터 자녀를 어떤 사람으로 키울 것인지를 미리 생각해놓는 부모들도 있다. 가령 "내 아들은 우리 집안에서 처음으로 대학에 가는 자식이 될 거야"라거나 "우리 딸은 세계 최고의 피아니스트가 될 거야"라는 식이다. 자녀에 관해서 머릿속으로 떠올리는 이런 예언적인 기대는 부모들이 누리지 못했던 삶의 질을 누리거나 부모들이 이루지 못했던 목표를 달성하기를 바라는 순수한 욕망에 의한 것일 수 있다. 그게 아니라면 그저 부모들의 한계를 보상 받으려는 방법일 수도 있다. 중요한 것은 나중에 자녀들이 이런 이상적이고 비합리적인 기대에 부응하지 못하고 다른 방향으로 그들의 인생을 이끌어갈 경우 부모들이 깊은 좌절감과 실망감을 느낀다는 것이다.

일반적으로 부모의 기대에서 아이가 많이 벗어날수록 가정의 균형이 깨질 위험이 더 커진다. 문제를 안고 있는 아이가 집안에서 벌어지는 씁쓸한 갈등 상황의 원인이 되기 때문이다. 이 경우 부모는 좌절감과 죄책감을 느끼면서도 한편으로는 배우자에게 비난의 화살을 돌려 책임을 피하려고 한다. 그리고 부모와 자녀의 관계는 점차 소원해지고 자녀들의 자존감 또한 심각한 수준으로 낮아진다.

자녀는 부모의 존재가 연장된 것이 아니라, 고유의 인격을 가진 존재다. 그런데도 자녀의 재능과 욕구가 부모가 꿈꾸는 것과 같을 필요가 있을까?

자존감의 거울에 비친 우리의 모습

정신과에서 벌어지는 치료 작업은 대부분, 사람들이 자기 자신을 의식하고 내면을 관찰하는 능력을 검사할 수 있는 무대를 제공하는 것이라고 해도 과언이 아니다. 자기 성찰을 하다보면 우리 모두는 배우가 되면서 동시에 관객도 되고 우리 자신과 삶에 대한 평가자도 될 수 있다. 특히 어린이들이 자기 자신에 대한 개념을 세우는 과정을 관찰해보면 정말 재미있다. 그리고 이 어린이들이 어른이 된 후에 자아에 대해 어떤 가치를 매기느냐가 운명을 결정짓는다.

자존감은 우리가 스스로에게 매기는 평가다. 자기 평가는 기본적으로 개인적이고 주관적이다. 그리고 중요하다고 생각하는 자아와 삶의 다양한 부분에 관한 긍정적 혹은 부정적인 인식을 바탕으로 하고 있다. 자신이 가진 특별한 우선순위에 따라 평가를 내리는 순간에 우리는 타인들과 관계를 맺는 능력에서부터 성격과 실력, 사회적 성공 여부 혹은 우리가 소유하고 있거나 가지지 못한 물질적인 것과 신체적인 측면까지 포함시켜 생각하게 된다.

자기 평가가 높다고 해서 그것을 곧 건강한 심리를 반증하는 데이터로 볼 수 있는 것은 아니다. 가령 역사상 극악무도했던 인물들은 결코 자존감이 낮지 않았으며 오히려 그 반대인 경우가 많았다. 이 경우 자기 자신에 대한 높은 평가는 타인들을 지배하고 진압하기 위한 자기중심적이고 거만하고 해로운 생각과 행동의 기반이 되었다. 따라서 자존감이 높다는 말을 할 때는, 건강하고 건설적인 자존감과 자기도취적이고 파괴적인 자존감을 구분해서 표현할 필요가 있다.

이런 자존감은 어느 특정한 순간에 나타나는 것이 아니라 유년기를 거치며 점차 발달한다. 그것은 대체로 부모나 보호자의 기대를 구분하고 그 기대를 충족시킬 수 있는 자신의 능력을 비교하기 시작하는 4세쯤에 형성된다. 그리고 자신의 행동이 주변 사람들의 기대에 부응할 때는 기분이 좋지만 부응하지 못할 때는 불안감을 느끼기 시작한다. 데이비드 또래의 아이들은 이미 부모의 우선순위를 완벽하게 알아차린다. 사실 대부분의 아이들은 부모를 기쁘게 하고 부모의 긍정적인 반응을 얻기 위해 노력한다. 애석하게도 부모가 가지고 있는 희망이나 기대를 (별로 현실성이 없기 때문에) 충족시키지 못하는 아이들은 부모의 상식을 문제 삼지 못하고 문제를 자기 자신의 책임으로 돌리기 때문에 좌절감을 느끼고 스스로를 비난한다.

갈망과 성취 사이

데이비드는 학교에서 더 불안해하고 괴로워했다. 그의 불안은 상황에 따른 것이었다. 즉 어떤 구체적인 환경과 직접적인 관계가 있었다. 데이비드는 학업에 대해 강한 압박감을 느끼고 있었으며 부모의 인정을 받는 길은 오직 성적을 잘 받는 것뿐이라고 생각했다. 문제는 그뿐만이 아니었다. 그는 비만으로 인해 운동과는 점점 더 멀어졌고, 또 살찐 모습은 자존감에도 부정적인 영향을 미쳤다. 날씬한 몸매를 찬양하는 이 사회에서는 일곱 살짜리 아이들도 뚱뚱하면 인정을 받지 못한다는 것을 정확히 알고 있다. 날씬하고 민첩하고 운동을 잘하는 아이들이 더 인기가 많다는 사실을 말이다. 데이비드는 친구들과도 잘 어울리지 못했다. 무시 당하고 있다고 느껴서 친구들과 어울리는 것을 피했기 때문이다. 학교 정문을 나서는 순간 그의 불안증이 사라진 것도 바로 이런 이유 때문이었다.

일반적으로 다정다감하고 자녀를 존중하면서도 합리적이고 현실적인 목표와 행동 규범을 강조하는 부모들은 자녀들에게 자기 자신에 대한 호의적인 의견을 불어넣어준다. 그리고 신뢰감과 자신감, 새로운 도전에 낙관적으로 대응할 수 있는 자세를 길러주는 경향도 갖고 있다. 그 반대의 경우는 자녀들에게 불안감과 죄책감 및 열등감을 느끼게 한다. 이런 환경에서 자란 아이들은 '나는 좋은 사람이 아니야. 나는 실패할 거야. 그렇다면 굳이 애쓸 필요가 있을까?' 라는 생각에 빠져 데이비드처럼 악순환을 반복할 가능성이 높다.

데이비드의 부모가 나쁜 부모라는 뜻은 아니다. 그들은 분명 아들을 걱정하고 아들에게 훌륭한 교육을 시키기 위해 헌신하는 책임감이 강한 사람들이다. 그들은 자신의 방식대로 아이에게 더 좋다고 생각하는 것을 해주었다. 다만 자신들의 과도하고 경직된 기대가 아이가 느끼는 불안의 원인이라는 것을 미처 깨닫지 못한 채 말이다.

그 나이 또래의 아이들에게는 부모의 의견뿐만 아니라 학교 친구들이나 그 밖에 자신에게 중요한 사람들의 의견도 큰 영향을 미친다. 그러면서 아이들은 점차 타인들의 의견을 내면화하고 자기 것으로 만들어나간다. 그러나 아이들이 타인에게 지나치게 의존하여 자기 자신에 대한 개념을 형성해나가는 것은 여전히 위험이 뒤따르는 일이다. 그들에게 부과하는 완벽한 모델과 그것을 달성할 수 있는 가능성의 차이가 크면 클수록 자기 자신에게 호의적인 생각을 갖기가 더 어려워진다.

아이의 갈망과 실제 성취 사이의 불균형 상태가 지속되면 아이는 자존감에 상처를 받게 된다. 불행하게도 많은 아이들이 경직되고 비합리적이며 무심하고 심지어 잔인하기까지 한 어른들의 어두운 거울을 통해 자기 자신을 들여다보고 있는 것이다.

부모를 위한 변명

데이비드의 부모에게 데이비드는 일종의 투자를 위한 대상이었다. 많은 돈과 그보다 더 많은 희망이 그의 교육에 투자되었다. 그래서 아이의 성적이 부진하자 부모는 심각한 딜레마에 빠지게 되었다. 과연 자신들의 기대감이 비합리적인 것인지, 아이에게 정해준 목표를 달성하지 못하는 아이의 무능함을 받아들여야 하는지에 대해 의문을 갖게 된 것이다. 이런 실망감을 느낀 부모에게 가장 필요한 것은 이들이 납득할 수 있을 만한 설명이다.

인간은 설명이 없는 상태를 견디지 못한다. 그래서 우리는 우리에게 영향을 주는 사건들을 해석하고 싶은 욕구를 느끼는 것이다. 특히 마음이 약해진 순간에 논리적인 설명을 찾을 때는 부조리하거나 불쾌한 느낌이 없으면서도 우리의 자존감을 위협하지 않는 설명을 발견하고 싶어 한다. 우리 자신이나 타인 앞에서 자신을 정당화해야 할 때, 우리는 우리의 믿음과 행동을 더 많이 지지하거나 변호해주는 논법을 선택한다. 모순을 일으키는 불쾌감이나 불협화음을 피하기 위해서다.

자신의 입장에서 현실을 해석하는 능력은 정서적인 안정과 사회적 지위를 유지해야 할 때 특히 유용하다. 충격적인 일을 당했을 때 활력이 저하된다는 것은 누구나 알고 있을 것이다. 그래서 인간은 충격을 받았을 때 먼저 심리적인 방어막을 친다. 그런 충격을 무력하게 만들고 최소화하거나, 아니면 충격이 아닌 것처럼 가장하거나 충격 자체를 부인하면서 말이다.

데이비드의 부모가 의사의 진단에 부정적으로 반응한 것은 어쩌면 당연한 일이다. 그들은 차라리 데이비드에게 신체적인 질병이 있다는 말을 듣고 싶었을 것이다. 신체적인 문제는 이해하고 받아들이기가 더 쉽기 때문이다. 그들은 데이비드가 겪고 있는 비만과 심장 잡음, 피로 등의 문제가 정서적인 스트레스와 가족으로 인해 발생할 수 있다는 사실을 받아들이지 못했다.

대신 크게 우려할 수준은 아니지만 데이비드가 약간의 심장 질환을 앓고 있다는 사실은 아들 교육에 대한 부모의 분별력과 아무 상관이 없는 것처럼 보였기에 받아들일 수 있었다. 그들은 부모의 기대감에 부응하지 못하는 데이비드의 정신적 혹은 감정적 무능력의 원인을 찾아보려 하지 않았다. 그리고 몸의 통증은 부정적인 사회적 시각과 가족 간의 갈등, 혹은 잘못된 자녀 교육으로 인한 정서적인 질병과 아무 상관이 없다고 치부해버렸다.

우리가 어린 시절부터 늘 지지하고 활용해온 원칙과 믿음에 의문을 제기한다는 것은 결코 쉬운 일이 아니다. 그래서 데이비드의 부모가 아들의 증세에 대한 진단을 처음부터 받아들이지 않은 것은 어떻게 보면 당연해 보인다. 의사의 진단에 만족하지 못하고 아들의 문제가 신체적인 것임을 확인하고 싶은 마음에 다른 의사를 찾아 나서는 것도 충분히 예상 가능한 일이다. 태어날 때부터 아들에게 기대했던 야심과 이상에 의문을 제기하고 싶지 않았으리라. 그들은 단순히 자신들에게 문제의 책임을 돌리면서 동시에 아들의 나약함을 지적하는 전문가의 의견을 도저히 받아들일 수 없었던 것이다.

반면에 데이비드는 진단을 받고 난 후 오히려 마음이 가벼워진 것 같았다. 데이비드는 심장에 아무 이상이 없다는 것에 안심했고, 동시에 부모님을 만족시키려면 자신이 받을 수 없는 성적을 받아야 한다는 것을 다시금 깨달았다고 했다. 심장 전문의인 발렌틴이 데이비드가 느끼고 있었지만 분명하게 정리하거나 말로 표현할 수 없었던 무언가를 확인시켜준 것이다. 데이비드는 아마도 이렇게 생각했을 것이다. '내가 뭘 하든 절대 우리 부모님을 기쁘게 할 수 없을 거야……'

데이비드가 발렌틴의 진단에 긍정적인 반응을 보였다는 것은 다행스러운 일이다. 하지만 그것만으로는 문제를 해결하기에 충분하지 않았다. 불안의 원인을 차단하고 건강을 되찾으려면 부모의 도움이 필요한 나이였다. 1년 후, 데이비드의 부모는 발렌틴에게 전화를 걸어 데이비드의 심장에 아무 이상이 없으며 그런 진단을 내려준 것에 대해 고맙다는 말을 전했다. 그렇게 전화까지 건 것은 아들의 문제가 심리적인 것임을 인정하는 첫 단계일 것이다. 우리에게 문제가 있다는 것을 인식한다는 것은 그 문제를 해결하기 위해 가장 필요한 조건이다.

두 번째 이야기

산다는 것은 위험을 감수하는 일이다

- **이름** 리사
- **나이** 40세
- **성별** 여자
- **증상** 심장 잡음과 피곤하고 숨이 막히는 증세

베네수엘라 출신의 40세 여성인 리사는 결혼 직후 남편과 미국으로 이민을 왔다. 그녀의 사연은 극적이다. 리사가 나를 찾아온 이유는 그녀의 주치의가 정기검진을 하다가 심장 잡음 증세를 발견했기 때문이다. 이 주치의는 리사에게 혹시 선천성 심장병이 아닌지 전문의를 찾아가 검사를 받아보는 것이 좋겠다고 했다.

그녀의 남편은 뉴욕의 퀸즈 지역에 있는 한 학교에서 스페인어 교

사로 일했다. 리사 부부는 학교에서 가까운 곳에 살고 있었다. 결혼 후 아들이 태어나자 리사는 아들을 돌보기 위해 일을 그만두었다. 그런데 최근 몇 개월 동안 아들과 놀아주거나 슈퍼마켓에 가거나 청소를 할 때 자주 피로를 느끼고 숨이 막히는 증세를 겪곤 한 것이다.

나는 그녀를 검사했고 주치의의 의심은 근거가 있었다. 리사는 심장 질환을 앓고 있었다. 두 심방 사이의 벽에 구멍(의학용어로 '심방 중격 결손'이라 한다)이 생긴 데다가, 승모판 폐쇄부전증을 앓고 있었다. 이 병은 심장에 영향을 줄 뿐만 아니라 시간이 지나면서 폐에도 안 좋은 영향을 줄 수 있다. 따라서 이 병을 앓는 환자들은 가능한 한 빨리 수술을 해야 한다. 그렇지 않으면 심장과 폐가 손상되어 복구 가능성이 더욱 희박해지기 때문이다.

나는 리사에게 이 병의 위험성을 설명하고 가급적 빨리 수술해야 한다고 재촉했다. 그녀의 상태와 수술의 위험도를 평가하려면 심장에 가느다란 관을 주입하는 사전 시술(다리나 팔에 가는 관을 삽입하여 심폐 압력을 측정하는 시술)을 해야만 했다.

그러나 리사는 수술을 거부했고 사전 시술까지 받지 않겠다고 버텼다. 그러더니 진료실에서 불안 증세를 보이기 시작했다. 그녀는 빠른 시일 내에 수술을 하지 않으면 생길 수 있는 위험을 객관적으로 바라보려고 하지 않는 상태였다. 나는 혹시 예전에 불안 증세를 겪어본 적이 있느냐고 물었다. "전 어렸을 때부터 늘 불안한 사람이었어요. 우리 부모님도 같은 병을 앓으셨죠."

삶과 죽음의 기로

리사가 진료실을 떠난 후에도 나는 걱정을 떨쳐버릴 수가 없었다. 시간은 촉박했고 수술의 중요성에 대해 그녀를 설득하지 못한다면, 결국 그녀는 죽을 수도 있었다. 게다가 리사는 어린 아들을 둔 젊은 엄마였다. 그녀가 이대로 버틴다면 머지않아 수술을 시도할 수조차 없는 날이 다가올 것이다. 그녀의 병이 폐기종으로 발전할 것이기 때문이다.

 시간이 지날수록 리사의 심폐 이상 증세는 점점 더 심해졌고 불안증도 마찬가지였다. 또 불면증과 근육 긴장 및 집중력 저하 증세도 있었다. 나는 두어 번 더 전화를 걸어 사전 시술을 받으라고 설득했지만 그녀는 꿈쩍도 하지 않았다.

 결국 3년이 지난 후에야 리사는 내 진료실을 다시 찾았다. 그녀는 제대로 걷지도 못할 만큼 상태가 악화되어 있었다. 이번에는 사전 시술을 하겠다고 했다. 그러나 이미 폐를 소생시킬 가망은 없었다. 너무 늦게 온 것이다.

 안타깝게도 그녀의 장기는 살릴 수 없었지만 심장과 폐 이식 수술을 한다면 아직 목숨을 구할 수는 있었다. 그러나 이전까지 심장과 폐를 동시에 이식한 전례가 없었기 때문에 수술 후에 생명이 위태로워질 수도 있는 위험이 뒤따랐다. 리사에겐 두 가지 선택뿐이었다. 속수무책으로 있다가 죽기를 기다리거나 아니면 위험을 감수하고서라도 목숨을 구하려는 시도를 해보는 것이었다. 그럼에도 몇 년 전에 그랬던 것처럼, 그녀는 불안증에 사로잡혀 이식 수술을 또다시 거부했다. 어쩔 수 없이 우리는 리사의 기분 상태를 호전시켜줄 약만 처방해주었고 그녀는 다시 집으로 돌아갔다. 리사는 그야말로 재앙의 문턱에 있었다.

6개월이 지나자 리사는 낮이고 밤이고 산소 호흡기 없이는 생활하기 힘든 상태에 빠졌다. 어느 날 오후, 삶과 죽음의 기로에 선 그녀가 병원으로 실려 왔다. 나는 그녀에게 사태의 심각성과 이대로 두면 시간만 줄어든다는 사실을 다시 한 번 상기시켜주었다. 리사는 절망적인 상태에 있었기 때문에 심폐 이식 수술을 전적으로 거부하지는 않았다. 다만 며칠 생각할 시간을 달라고 했다.

그동안 우리는 이식을 위한 연구를 시작했다(이것은 시간과의 싸움이었으므로 단 1분도 허비할 수 없었다). 그중 하나는 환자의 정서적인 안정 상태에 관한 심리 평가였다. 이런 환자에게는 남은 삶의 기간 동안 철저하게 약물을 복용하고 이를 지켜갈 수 있는 정서적인 능력과 결단이 필요했기 때문이다. 리사처럼 불안 증세가 있는 사람은 새로운 삶의 도전 앞에서 주로 부정적인 반응을 보인다. 그러나 우리는 리사가 아직 미래가 많이 남아 있는 젊은 여자인 만큼 위험을 감수하고라도 수술을 해보기로 결정했다. 다만 그녀도 충분히 준비가 되어 있는지 그것이 문제였다.

마침내 리사가 수술을 받겠다고 했다. 수술을 하지 않으면 죽는다는 것을 이제야 깨달은 것이다. 다행히 그녀는 운이 좋았다. 15일 후에 미국의 다른 주에서 기증한 심장과 폐가 도착했으며, 이식 수술은 대성공을 거두었기 때문이다. 한 달 뒤 리사는 놀랍게도 정상적으로 생활하고 있었다. 우리는 그녀의 몸이 이식 받은 두 장기를 아무 문제없이 잘 받아들이고 있는지 확인하는 검사를 실시했고, 이 모든 검사에서 별다른 이상은 발견되지 않았다.

불안을 받아들이는 연습

그녀의 이식 수술은 그렇게 대성공을 거뒀다. 그랬기 때문에 어느 날 아침 리사가 사전 예약 없이 몹시 불안한 상태로 진료실에 들어섰을 때 나는 놀라지 않을 수 없었다. 그녀는 이식 받은 심장이 제대로 뛰지 않아 숨을 쉬기가 힘들다고 했다. 우리는 할 수 있는 모든 검사를 실시했지만 검사 결과는 그녀가 근거 없는 두려움에 시달리고 있다는 사실을 말해주고 있을 뿐이었다. 그녀의 남편은 눈앞에 펼쳐진 이 상황을 이해할 수 있는 중요한 단서를 알려주었다.

"몇 개월 전에 저희 아들이 운전면허 시험에 합격했습니다. 그래서 얼마 전에는 신형 자동차도 구입했지요. 그런데 리사는 아들이 차를 몰다가 교통사고로 죽게 될 거라고 믿고 있습니다. 아내는 이런 생각에 완전히 사로잡혀 있어요."

나는 리사를 임상심리사에게 보내기로 결정했다. 그녀도 내 결정을 순순히 받아들였다. 리사는 영어가 유창하지 않았기 때문에 스페인어를 할 줄 아는 칠레 출신의 심리학자를 소개해주었다. 그런데 뜻밖에도 엉뚱한 부분에서 문제가 터졌다. 이 심리학자는 심리 치료와 더불어 약물 요법을 병행하면 리사의 불안 증세가 경감되리라고 판단했다. 그래서 평소 함께 일해온 정신과 의사에게 연락해 리사에게 약을 처방해주도록 부탁했다(심리학자는 약 처방을 할 수 없다). 그러나 리사는 그 처방전을 보자마자 공황 상태에 빠졌다. 그리고 몹시 불안한 상태로 처방전을 들고 나를 찾아온 것이었다.

"모르는 의사가 나를 죽이려고 해요. 이 약들이 이식한 심장과 폐에 해롭지는 않나요? 그 의사는 나를 검사한 적이 없는데 어떻게 제게 맞는 약을 처방해줄 수 있겠어요!"

이런 우여곡절이 있었지만 시간이 흐르면서 심리학자는 점차 리사의 신뢰를 얻었으며 그녀가 불안 증세를 통제하도록 도와주었다. 실제로 내가 최근에 리사를 만났을 때, 그녀는 삶의 위험을 받아들이는 연습을 하고 있으며 항불안제를 잘 복용하고 있다고 말해주었다.

산다는 것은 위험을 감수하는 일이다. 그리고 싸워볼 가치가 있는 스포츠이다.

근거 없는 불안감의 정체

리사의 사례는 육체와 정신이 얼마나 밀접한 연관을 맺고 있는지를 극명하게 보여주고 있다. 수술을 앞둔 많은 사람들이 수술실 앞에서 두려움을 느끼고 망설이는 것은 흔한 일이다. 그러나 한편으로는 심장이나 폐 등 장기의 이식 여부에 목숨이 달려 있는 사람들도 불안하기 짝이 없는 시간을 보내게 된다. 누구와도 나눠 가질 수 없는 중요한 장기가 나타나주기를 기다리는 불확실한 시간은 흔히 캄캄한 터널을 지나는 것에 견주곤 한다. 그만큼 절망적이고 잔인한 시간이라는 뜻일 것이다. 그런가 하면 갑자기 사망한 어느 희생자가 기증한 장기 덕분에 목숨을 구한 행운아들도 여전히 불안증이나 우울증에 시달리는 모습을 보이기도 한다. 리사는 어릴 때부터 불안증을 앓았던 만큼, 그녀가 생명을 연장하기 위한 싸움을 너무나도 위험하고 고통스러운 일로 느낀 것은 어쩌면 당연한 반응일 것이다.

두려움과 불안에 관하여

불안을 이해하려면 먼저 두려움에 관해 생각해보는 것이 좋다. 물론 불안과 두려움의 원인은 각각 다르지만 이 두 가지의 신체적, 정서적 증세는 비슷하다. 두려움은 원초적이고 감정적인 반사작용이다. 또 위험이 존재할 때 경계하게 되고 불안을 느끼는 것은 본능적인 반응이다. 우리의 유전자에는 두려움을 느낄 수 있는 능력이 이미 새겨져 있는데, 이를 '보전 본능'이라고 한다. 이런 자연스러운 경계심 덕분에 우리는 자신을 해치려고 하고 위협하는 사람이나 상황, 혹은 불행을 의식하게 되는 것이다.

이런 의식이 결국 상황을 호전시키기 위한 대책도 마련할 수 있게 한다. 일단 두려움에 사로잡히면 생식기와 소화기, 그리고 몸의 많은 기관들이 정상적으로 활동하지 못하게 된다. 그러면 뇌는 정신적인 실행기능을 수행하며 위협에 맞서는 비상 기전을 작동시킨다. 그런데 두려움을 느끼는 것 외에 위협 앞에서 무력감을 느끼는 상황까지 겹치면 공황 상태에 빠지게 된다.

두려움은 유년기부터 우리의 성격과 인격 형성에 영향을 미친다. 우리는 질병과 불행한 사고, 통제가 불가능한 자연재앙, 좌절, 죽음을 두려워한다. 그러나 어릴 때부터 불안한 상황에 맞서고 원인을 분석하고 극복하기 위한 노력과 훈련을 한다면 우리의 육체적, 정신적 잠재력을 깨닫고 개발하며 발휘하는 능력 또한 한층 더 강인해질 것이다.

그런데 불안은 우리가 객관적인 위험 앞에서 느끼는 두려움과는 다르다. 불안은 현실적인 근거를 가지고 있지 않다. 불안은 오직 인간만이 느끼는 기분 상태다. 동물의 세계에서 위험을 예고하는 기본적인 역할을 수행했던 두려움이 인간 세계에서는 훨씬 더 많은 진화와 발전을 거듭해왔기 때문이다. 그 결과 인간은 과거의 불안을 떠올리거나 미래의 불행을 상상하면서 지레 겁을 먹는다. 우리의 몸과 정신을 위협할지도 모르는 가상의 위협에 벌벌 떨기도 하고, 사랑하는 사람이나 심지어 모르는 사람들에게 해를 끼칠 수 있는 가상의 사건에도 긴장하곤 한다. 그러므로 정상적인 두려움과 불안 장애의 초조감은 구분해서 이해할 필요가 있다.

우리는 누구나 살면서 이런 감정을 느낀다. 중요한 시험을 앞두고 있을 때나 비행기 여행을 하면서, 혹은 우리가 두려워하는 사람과의 만남을 앞두고 있을 때나 통제할 수 없는 어렵고 불안한 상황에서 말이다. 심지어 특정 환경에서 근거 없는 두려움에 사로잡힌다면 그런 두려움을 극복하기 위해 사소한 기술을 써보는 것도 좋은 방법일 것이다.

예를 들어 대중 앞에서 말하는 것을 겁내는 사람은 발표를 하기 전에 미리 발표할 장소에 가서 분위기에 적응해둔다면 한결 마음을 안정시킬 수 있을 것이다. 또 비행기 여행을 두려워하는 어떤 사람은 실제로 먹지는 않더라도 진정제를 호주머니에 넣고 비행기를 탄다고 한다. 그렇게 하여 심리적 안정감을 느끼는 것이다.

그러나 불안 장애를 앓고 있는 사람들은 보통의 다른 사람들보다 적응 능력이 부족하며, 실제로 일어나지 않는 위험에 대해서까지 계속해서 불안과 두려움을 느끼며 살아간다.

심각한 불안 장애 증세를 보이는 사람은 현실을 이성적으로 평가하지 못하고, 다른 사람들과 관계를 맺거나 여가활동을 즐기는 데도 어려움을 느낀다. 이런 병적인 불안을 가진 사람들은 일반적으로 비슷한 특성을 보인다. 범불안장애를 앓는 사람들은 끊임없이 사소한 일을 걱정하고 화를 낸다. 또 몸이 긴장되어 있으며 경계를 늦추지 않고 피곤해하면서도 잠을 이루지 못한다. 두통, 가슴 두근거림, 어지럼증, 발한, 위장 장애 등을 호소할 때도 많다.

또 불안은 특정한 동물이나 물건, 환경(예를 들면 쥐, 거미, 어둠, 높은 곳, 닫힌 공간, 열린 공간 혹은 군중)에 대한 병적인 공포나 무조건적인 두려움으로 나타나기도 한다. 건강 염려증에 걸려서 건강에 대해 늘 불안해하고 감기나 가벼운 현기증 같은 사소한 증세도 심각한 중병의 초기라고 확신하는 사람들도 있다. 불안 증세가 강박 장애로 나타나는 사람들도 있다. 이런 환자들은 비논리적인 생각과 충동에 짓눌리거나 어처구니없는 행동을 스스로 통제하지 못하고 계속 반복한다. 가령 몇 시간 동안 계속해서 손을 씻는 식이다.

사람들은 지속적인 불안이나 긴장 상태와 두려움에 휩싸이다보면 의심이 많은 성격으로 변하게 된다. 그래서 다른 사람을 신뢰하지 못하고 주변 세상을 온통 위협적이고 억압적인 곳으로만 느끼게 된다. 이런 사람들은 결국 행복과는 멀어져버린다.

죽음에 대한 공포를 이해하라

가장 심각한 상태의 불안증 환자들 중에 리사의 경우처럼 죽음에 대한 공포에 사로잡혀 있는 사람들이 많다. 그들은 공포가 찾아올 때마다 자신에게 죽음이 임박했다고 스스로 확신한다. 예기치 않은 순간에 느낀 죽음에 대한 두려움은 불안과 신경질, 가슴 두근거림, 호흡 곤란, 발한 및 근육 경직 등의 증세로 나타난다.

리사는 불안 장애의 한 요소인 죽음에 대한 강박적 공포를 느끼고 있었을 뿐만 아니라 심폐 질환을 앓고 있었다. 리사가 심장과 폐에 심각한 병을 갖고 있으면서 만성 불안 장애를 갖고 있다는 사실은 치료를 담당했던 의사들에게 풀기 어려운 숙제가 아닐 수 없었다. 이 두 가지 질병의 증세는 서로 비슷하여 혼동을 일으킬 수 있을 뿐만 아니라, 복잡하고 상호 보완적이기 때문이다. 그래서 심장의 이상은 환자의 불안과 흥분을 심화시키며, 심화된 불안이 약해진 심장의 기능에 추가 부담으로 작용하는 악순환이 반복되는 것이다.

공황 증세가 있는 사람들은 주로 미신을 믿고 허구적인 믿음을 키우는 경향이 높다. 그들의 깊은 불안감에는 의사를 비롯한 다른 사람들에 대한 불신과 의혹도 포함되어 있다. 이런 환자들의 일면을 이해한다면 리사가 심장 수술을 받지 않으면 폐까지 망가질 수 있다는 말을 어째서 귀담아 듣지 않았는지, 또 수술을 받지 않으면 죽을지도 모른다는 경고에도 불구하고 어째서 의사의 조언을 무시했는지를 알 수 있을 것이다. 리사가 치료를 거부했던 것은 공황 증세를 보이는 수많은 환자들처럼 죽음에 대한 끔찍한 공포에서 비롯된 것이었다. 지레 겁을 먹은 리사는 구원의 손길에도 마음의 문을 열지 못했다.

리사는 목숨을 위협하는 위험한 상황을 마침내 받아들이고 수술을 하였기에 첫 번째 싸움에서는 승리를 거둘 수 있었다. 그러나 리사의 불안증은 이내 다시 시작되었다. 이번에는 하나뿐인 아들이 교통사고로 죽을지도 모른다는 공포가 기폭제가 되었다. 그런 상황에서 언어가 통하는 심리학자의 도움을 받아 공포를 통제하도록 조언한 것은 적절한 결정이었다.

사실 요즘에는 불안 장애를 치료하기 위한 효율적인 방법이 얼마든지 있다. 항불안제를 복용하거나 긴장 완화와 명상을 통해 자극에 민감한 증세를 경감시키는 운동을 한다거나 과호흡을 막기 위해 호흡을 연습하는 방법들이 그러하다. 또 불안의 신체적, 정서적 증세를 더 현실적이고 가볍게 받아들이도록 도와주는 인지 치료도 있다.

리사의 경우처럼 장기 이식 수술 같은 큰 수술을 받은 환자 중에는 평생 관심을 기울이면서 보호해주어야 하는 환자도 있다. 정서적 상태가 불안정하기 때문에 이 부분까지 도움이 필요한 것이다. 당연한 말이지만 정서적으로 안정되어 있고 의욕이 있으며 치료의 수칙을 잘 지키는 환자는 그렇지 않은 환자에 비해 예후가 더 좋다. 특히 활기차고 낙관적이며 가족과 친구들로부터 따뜻한 관심과 사랑을 받는 사람이라면 더욱 좋은 예후를 기대할 수 있을 것이다.

다행히도 리사가 의사에게 서서히 신뢰감을 갖게 된 것은 치료에 있어 희망적인 기반이 되어주었다. 성경에는 '믿음만 있다면 산을 움직일 수도 있다'고 한 구절이 있다. 이러한 '믿음'의 위력이 적어도 질병의 영역에서는 명백하게 입증된 셈이다.

세 번째 이야기

"나는 큰 병에 걸린 게 틀림없어."

- **이름** 클라우디아
- **나이** 9세
- **성별** 여자
- **증상** 발열과 피로감, 왼쪽 팔의 마비 증세

    이른 아침 시간, 클라우디아는 부모님과 함께 나를 찾아왔다. 클라우디아의 부모는 딸을 걱정하고 있었고 클라우디아는 그보다 더 자신을 걱정하고 있었다. 지난 48시간 동안 기침이 나고 열이 있었는데, 더 심각한 것은 전날 오후에 왼쪽 팔에 마비 증세가 나타난 것이라고 했다. 그런데 친척 중 한 사람이 이런 마비 증세는 뇌혈관 이상 때문에 생긴다고 말했고 그래서 집안이 발칵 뒤집힌 것이다.

실제로 뇌혈관 이상일 경우, 심실에서 만들어진 응고된 혈액 덩어리가 뇌까지 올라가 뇌에 혈액을 공급하는 동맥을 막는다. 이런 뇌혈관 이상은 당연히 심각한 결과를 초래한다. 언어 장애가 오거나 한쪽 팔을 움직이지 못하는 것처럼 몸을 자유롭게 움직이지 못하게 된다.

나는 평생토록 환자를 치료해왔지만 어린이에게 뇌혈관 이상이 생긴 경우는 본 적이 없었다. 검사 결과, 클라우디아는 열이 나지 않는 상태였고 심장과 신경에도 이상이 없었다. 그런데도 클라우디아는 얼마 전부터 친구들과 함께 뛰어놀지 않는다고 했다. 쉽게 피곤해지기 때문이라는 이유를 덧붙여 말했다. 의사들이 말하는 과호흡 증세처럼 조금만 뛰어도 금세 호흡이 가빠지고 숨이 막혔던 것이다.

나는 클라우디아에게 게임을 하자고 제안했다. 같이 달리기 시합을 하는 것이다. 내 진료실은 병원 건물의 16층에 있었는데, 18층까지 먼저 올라가는 사람이 이기는 시합이었다. 잠시 후 클라우디아는 큰 차이로 나를 이겼다. 결과적으로 심장의 문제는 아니라는 것이 확인된 셈이다. 고백하건대, 나는 환자와 함께 자주 계단을 오르는 편이다. 실제로 환자들을 회진할 때도 마지막은 꼭 운동으로 끝나는 날이 많다. (운동은 더할 수 없이 건강한 습관이다.)

나는 클라우디아의 부모와 이야기를 해보았다. 그들은 매우 흥미로운 가족 이야기를 들려주었다. 아버지는 재활원에서 일을 하고 있었고, 어머니는 식료품 가게 점원이었다. 클라우디아는 브루클린 초등학교에 다니고 있고 클라우디아 위로는 9살, 10살, 12살 차이가 나는 오빠가 셋이 있었다. 또 나는 클라우디아에게 결벽증이 있다는 사실을 알게 되었다. 계속해서 손을 씻는 것 말이다.

나는 어머니에게 클라우디아가 그렇게 자주 손을 씻는 이유가 뭔지 물었다. 나는 늘 환자나 환자와 가까운 가족의 의견을 꼭 체크해두곤 한다. 그들은 내가 회진하면서 그냥 지나칠 수 있는 것들을 말해주기 때문이다. 이 경우에는 어머니의 대답이 몹시 흥미로웠다. 나로서는 절대 짐작하지 못할 이유였던 것이다.

"저는 식료품 가게에서 점원으로 일하면서 생겼던 일을 매일 클라우디아에게 들려주었어요. 제가 하는 일은 음식물을 취급하는 것이니 엄청 꼼꼼하게 처리해야 하죠. 식료품 분야는 위생 규칙도 엄격하게 지켜야 하고, 조사도 자주 나오니까요. 저는 일하면서 생긴 습관 때문에 음식물을 다룰 때 언제나 장갑을 낀답니다. 그게 위생상으로도 훨씬 좋아요. 저는 늘 아이들에게도 세균을 없애기 위해서는 손을 자주 씻어야 한다고 강조하곤 했어요."

이번에는 클라우디아의 아버지와 이야기해보았다. 특이하게도 아버지 역시 재활원에서 지켜본 중증 환자들의 경험담을 자녀들에게 들려준다고 했다. 특히 팔이 마비되는 신경 질환을 가진 환자들의 이야기를 매일같이 들려주었다고 했다.

부모님과의 대화를 통해 나는 클라우디아는 심리적인 문제가 신체적인 문제로 전환된 것이라는 결론을 얻을 수 있었다. 위생에 대해 강박관념을 갖고 있는 어머니와 신체가 마비되는 질환을 앓고 있는 환자들에 관해 반복적으로 이야기하는 아버지가 클라우디아에게

강한 인상을 심어준 것이다. 그리하여 클라우디아는 두려움에 빠져 자신이 매우 심각한 상태에 있다고 착각했고 급기야 열과 기침까지 났던 것이다(그러나 실은 같은 반 친구들 몇몇에게도 비슷한 증세가 있었을 것이다). 또 너무나도 걱정이 된 나머지 결국은 왼팔을 움직일 수 없다고 생각하게 되었다.

나는 클라우디아와 부모에게 진단 내용을 전달했다. 다행히 부모는 내 이야기에 귀를 기울였으며 나의 진단을 수긍하고 받아들였다. 반면에 클라우디아는 내 말을 끝내 믿지 않았다. 여전히 자신에게는 신체적인 문제가 있다고 확신했다.

몇 주일 후에 나는 그들에게 연락을 취해보았다. 클라우디아는 여전히 숨이 차서 친구들과 놀지 못한다고 호소했다. 그렇다면 내 진단을 다시 확인해볼 필요가 있었다. 어쩌면 정말로 호흡기에 문제가 생긴 것일 수도 있으니 말이다. 그래서 나는 다시 클라우디아를 병원으로 불러 러닝머신에서 10분 동안 뛰게 하면서 혈액 내 산소량을 측정하는 실험을 해보기로 했다. 처음, 중간, 마지막 단계로 나누어 혈액 내 산소량를 재어 산소의 농도가 낮아지는지를 확인하는 실험이었다.

그러나 오히려 그 실험을 통해 내 진단이 틀리지 않았다는 사실이 확인되었다. 클라우디아는 분명 신체적인 질병이 아니라 정서적인 갈등을 겪고 있었다.

희망을 포기하지 말라

나는 클라우디아에게 그동안 아주 결과가 좋았던 치료법을 적용해보기로 했다. 자신의 몸에 병이 있다고 믿는 환자들은 내가 아무리 병이 없다고 말해도 절대 편안한 마음으로 돌아가지 못한다. 이런 경우에 나는 정기적으로 환자를 만난다. 내가 환자의 곁에 있으며 치료를 포기하지 않을 것임을 환자에게 알리기 위해서다. 이때 중요한 것은 나를 찾아오는 일이 일상적인 방문이 되게 하되, 그 시간에 환자와 대화를 나누는 것이다. 또한 환자가 자신의 고통에 몸을 맡기지 않게 하고 환자에게 불필요한 검사를 하지 않는 것도 중요하다. 우울증이 더 심해질 수 있기 때문이다.

내 경험에 의하면 신체 질병이 없는 이런 우울증 환자들은 병이 없다는 것을 좀처럼 설득시킬 수 없다고 해도 정기적으로 만나는 것이 중요하다. 그것이 최선의 치료법이다. 나는 이런 환자들에게 내게 이메일을 보내라고 부탁한다. 내가 매일 받는 수많은 이메일 가운데 4분의 1 정도는 이런 종류의 이메일이다. 이렇게 하면 환자들은 자신에게 무슨 일이 생겨도 내가 언제나 도와줄 거라고 생각하고 안심한다. 그런 다음에야 나는 그들이 두려움을 극복하고 혼자 일어설 수 있다고 믿도록 도와줄 수 있다. 물론 위기 상황에 실제로 내가 그 자리에 없다면 환자에게 그다지 큰 도움을 줄 수는 없을 것이다. 그렇다 해도 이런 조그만 소통마저 하지 않는다면 환자들은 점점 더 속수무책인 상태가 될 것이다.

사실 이것은 의사가 해야 할 일 중에 하나이기도 하다. 아무리 의학기술이 발전해도 이런 영역까지는 건드릴 수 없기 때문이다. 기술의 발전과는 별개로 환자들과 인간적으로 관계를 맺는 것은 여전히 매우 중요한 일이다.

간혹 환자를 검사하고 나서 환자를 위해 할 수 있는 일이 더 이상 아무것도 없다는 생각이 들 때가 있다. 병이 호전될 가능성도 없고 고통을 덜어줄 치료 방법도 없다. 하지만 그럴 때도 내겐 한 가지 무기가 남아 있다. 바로 환자 곁에 있어주는 것이다. 이것은 의사와 환자 모두를 위한 일종의 치료법이다. 이런 환자에게 내가 곁에 있어주고 정기적으로 만나겠다고 하면, 갑자기 환자의 얼굴이 환해지곤 한다. 그리고 환자도 나도 포기하지 않게 된다. 나는 그저 치료 방법이 없다는 좌절감이 환자에게 전달되지 않도록 최선을 다할 뿐이다.

그런데 의사가 환자를 포기하지 않는 것만큼 중요한 것이 환자와 지나치게 밀접한 정서 관계를 형성하지 않는 것이다. 객관성을 잃지 않기 위해서다. 의사에게도 감정적으로 균형을 유지한다는 것은 매우 어려운 일이다. 그래서 나는 아주 엄격한 방문 일정을 못 박아두어 균형을 유지한다. 가령 "3개월에 한 번씩 만나는 것으로 하고, 한 달에 한 번씩 제게 이메일을 보내세요"라고 말하는 식이다.

클라우디아와도 마찬가지였다. 나는 3개월에 한 번씩 만나기로 하고 1년 동안의 방문 일정을 잡았다. 이렇게 하자 클라우디아는 점점 내가 자신을 포기하지 않는다는 것을 깨달아가는 듯했다. 클라우디아의 부모에게도 매달 내게 이메일을 보내 아이가 변화하는 모습을 설명해달라고 부탁했다. 몇 달이 지나지 않아 클라우디아는 신뢰와 안정감을 회복했다. 그리고 1년 뒤, 더 이상의 치료는 필요하지 않게 되었다.

그로부터 12년이 흐른 어느 날, 클라우디아가 나를 찾아왔다. 클라우디아는 어느덧 스물두 살이 되었고 결혼해 행복하게 지낸다고 했다.

"그런데 부모님은 별로 변하지 않았어요. 아버지는 여전히 재활원의 환자들 이야기를 즐겨 하고, 어머니도 음식물의 위생에 대한 강박 때문에 번번이 손을 씻어야 한다고 강조하시죠."

부모님과 달리 클라우디아는 많이 변한 듯했다. 숨이 찰까봐 친구들과 놀기 싫어했던 그 소녀는 세월이 흐르면서 근거 없는 두려움을 극복해낸 것 같았다. 실제로 그녀는 나를 찾아오기 일주일 전에 뉴욕 마라톤 대회에 참가해 코스를 완주했다며 자랑스럽게 말하기도 했다.

동지를 만나다

클라우디아의 경우가 의학적 질병이라고 할 수는 없다. 그러나 이 사례는 심각한 몸의 증세를 호소하는 환자에게 어떤 진단을 내리느냐에 따라 정신 장애를 치료할 수도 있고 영영 치료하지 못할 수도 있음을 보여준다. 또한 성인들은 해결하기 힘든 병리학적인 행동을 교정하고 신체와 정신의 어려움을 극복해내는 어린이들의 능력을 보여준다. 그런가 하면 발렌틴의 치료 방법은 의학에서 감정이입이 얼마나 큰 위력을 발휘하는지를 분명하게 보여주고 있다.

정신적 질병이 신체적 질병으로 전환될 때

때로는 정신적 질병이 신체적 질병으로 전환될 때가 있다. 그렇기 때문에 심리적 범주에서만 설명할 수 있는 신체적 질병도 있다. 이런 신체적 질병의 증상 중에는 일반적인 통증, 소화기 기능의 변화,

신경 혹은 생식기의 문제, 감각이나 운동 장애, 경련 등이 포함된다.

이렇다 할 물리적 원인 없이 클라우디아가 겪었던 피로감이나 호흡 이상은 아마도 정서적 문제가 신체적인 질병으로 전환된 경우였을 것이다. 이런 장애의 가장 큰 특징은 신체 작용에서 변화가 나타난다는 점이다. 그러나 신체적인 원인만 찾아서는 결코 이유를 알아낼 수 없다. 클라우디아의 왼쪽 팔의 마비 증세를 외과적으로는 설명할 수 없지만 정신의학에서는 '전환 장애 conversion disorder(내부의 갈등에 대한 무의식적 방어 기전으로 내부의 갈등이 특정한 신체의 증상으로 변환되어 나타나는 증세)'라고 부른다.

이 병은 무의식적으로 유발되는 증세이며 신체적인 원인도 없다. 또 반사 운동 기능이나 몸의 감각 기능에 영향을 준다. 이론적으로 설명하자면 심리적인 갈등을 자신도 모르는 사이 신체적인 증세로 전환시킨다는 것이다. 예를 들면 자신도 모르게 통제력을 잃거나 누군가를 공격하는 것에 대한 두려움을 느끼는 환자가 이 두려움을 마비 증세나 시각 장애 혹은 언어 장애로 전환하는 식이다. 이런 전환 증세는 불쾌하고 껄끄러운 상황을 피할 수 있게 해준다. 또는 평소에 기대할 수 없었던 도움과 이익을 누리는 것과 같은 부수적인 혜택도 가져다준다. 의사가 환자에게 전환 장애라는 진단을 내리기 전에는 신중하게 판단해야 한다. 신경 질환과 심리적 장애를 혼동할 위험이 있기 때문이다.

클라우디아는 계속해서 손을 씻는 의무적인 강박관념 증세와 우울증, 자신이 중병에 걸렸을지도 모른다는 강한 두려움을 표출하였다. 이 모든 증세는 심리적인 문제를 반영하고 있었다.

비록 우리는 클라우디아가 직면했던 정서적 긴장과 갈등의 강도를 완전히 알 수는 없지만, 어느 순간 그 소녀는 극적이면서도 우려할 만한 임상적 특징을 보이는 것으로 경보 장치를 울린 게 아니었을까 하는 생각이 든다. 그것은 바로 "살려주세요"라는 외침이었고, 클라우디아가 도움을 청하는 방법이었다. 소녀는 부모의 관심을 끌기 위해 그들의 말과 행동을 존중하는 증세를 선택했을 가능성이 매우 높다. 즉 어머니의 경우는 음식물의 오염을 막기 위해 과도하게 손을 씻으며 청결을 유지하는 것이었고, 아버지의 경우는 신체 장애에 대한 막연한 두려움이었다.

다행히 치료 과정이 길게 이어지지는 않았다. 게다가 클라우디아는 어린 나이였기 때문에 뇌와 성격이 아직 충분히 발달하지 않았으며 변화와 회복에 민감했다. 이런 요인들이 긍정적인 경과를 예측할 수 있게 했지만, 그래도 결정적이었던 것은 의사의 개입이었다. 발렌틴은 전적으로 클라우디아에게 맞춰주었다. 심장과 폐의 기능을 검사하기 위해 환자와 함께 계단을 오르는 노력을 기울이는 의사는 흔치 않다. 이런 노력을 보며 분명 클라우디아는 단순히 의사를 만난 것이 아니라 동지를 만났다고 생각했을 것이다. 그리고 이 관계가 치료 과정이라고 하는 긴 줄의 첫 번째 고리를 형성해준 것이다.

감정이입의 위력

이 사례에서 가장 주목할 만한 점은 의사가 신체적인 원인이 없다는 사실을 알면서도 클라우디아를 계속 치료하겠다는 의지를 보였다는 것이다. 다른 의사였다면 "따님의 심장에는 이상이 없습니다. 그러니 제가 할 수 있는 일은 더 이상 없습니다"라는 말과 함께 치료를 끝냈을 것이다. 그렇지만 발렌틴은 그 순간 클라우디아에게 필요했던 구원의 줄을 던지고 의사소통을 계속하기로 결심했다. 치료를 위한 견고한 동맹을 통해 만족할 만한 관계를 형성하는 것은 정신신체psychosomatic 장애를 가진 환자들을 치료할 때 특히 중요하다. 이와 함께 환자들을 치료에 참여시키고, 진단 내용을 알려주며, 신체적인 이상이 없다는 점을 확인시켜주면서 안정감을 주는 것 역시 중요하다.

질병만큼 당사자에게 깊은 상처를 주고 불안을 야기하는 불행은 별로 없다. 실제로 의사의 정직하고 희망적인 의사소통이 환자에게 안정감과 치료에 협력하려는 의지를 불러일으킨다는 것은 널리 알려져 있다. 그럼에도 불구하고 치료 과정에서 의사소통을 원활히 이끌어나가기는 쉽지 않다. 타인의 고통에 대해 인간적인 동정심을 갖고 감정이입을 하거나 타인의 입장에 서보는 공감 능력은 그래서 중요하다. 감정이입에 능한 의사들은 당연히 환자들이 느끼는 두려움과 무기력감을 좀 더 잘 이해할 수 있을 것이다.

사실 의사에게 감정이입은 기본적인 자질이다. 감정이입이란 환자의 입장에 서서 그의 상황을 이해하는 것이다. 치료가 불가능하다는 것을 알면서도 말이다. "제가 당신 곁에 있겠습니다. 방문 스케줄을 철저히 짜고, 우리가 같이 해나갈 것이니 걱정하지 마십시오"라고 말하는 의사를 만나는 일보다 환자에게 더 안정감을 주는 것은 아무것도 없다.

물론 확실하게 해줄 수 있는 게 전혀 없는데도 환자를 계속 만난다는 것은 대부분의 의사들에게 결코 쉬운 일이 아니다. 호전되지 않을 환자를 만난다는 것은 감정적인 에너지를 소모하는 일이기 때문이다. 그러다 나중에는 대부분의 의사들이 "도움을 드릴 수가 없어서 정말 유감입니다. 더 이상 만나지 않는 것이 차라리 낫겠습니다"라고 말하며 무력감에서 도망치려 한다.

의사로서 전문적인 능력을 유지하려면 의사가 올바른 견해를 가지고 환자의 고통을 객관적으로 바라보는 것이 중요하다. 환자의 상태를 정확하게 평가하는 데 필요한 객관성을 유지하기 위해서는 더욱 그렇다. 그러나 객관적인 관점이 공동의 적을 함께 물리치기 위한 신뢰와 연대감을 전달하는 것을 방해하는 걸림돌이 되지 않도록 해야 한다.

안정감과 낙관주의를 환자들에게 전달하는 일만큼 중요한 것이 또 있다. 환자들의 불평과 걱정을 진지하게 들어주는 일이다. 설사 의사의 관점에서 볼 때 그런 불평과 걱정이 근거가 없을지라도 필요하다. 의사가 환자와 좋은 관계를 형성하기도 전에 환자가 중요하다고 생각하는 것을 무시하고 다른 측면으로 대화를 유도할 때가 많다. 이 경우 환자는 자신이 이해받지 못한다고 느낄 수 있으며 그래서 의사의 권유에 저항감이 생길 수 있다. 반면에 의사가 처음부터 환자의 괴로움에 관심을 보여 신뢰를 얻으면, 문제의 중심에 접근할 가능성이 훨씬 커진다. 앞에서 발렌틴이 클라우디아에게 심장병 의사이자 심리학자이자 또 아버지가 되어주었던 것처럼 말이다. 그 결과 의무적으로 손을 씻고, 죽을 듯이 숨을 헐떡이고, 팔을 움직일 수 없었으며, 열병으로 고통에 시달렸던 소녀는 12년 뒤에 건강하고 차분한 여인으로 변해 있었다.

우리 모두는 이중 국적을 가지고 태어난다. 활력적이고 건강한 국적과 병약한 국적이다. 우리는 모두 건강한 나라로 가는 여권을 갖고 싶어 하지만, 안타깝게도 언젠가는 우리 모두 질병 왕국의 시민이 될 수도 있을 것이다. 그러나 우리를 돌보는 사람들의 이해심과 도움과 헌신이 있다면 그 불안하고 고통스러운 왕국도 살 만한 곳이 될 것이다.

네 번째 이야기

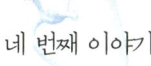

"뚱뚱해 보이는 게 싫어요."

- **이름** 아이리스
- **나이** 17세
- **성별** 여자
- **증상** 졸도, 저혈압, 체중 감소를 앓고 있음

한 소녀가 부모와 함께 진료실을 찾아왔다. 이틀 전에 졸도를 해서 검사를 받기 위해서였다. 아이리스는 17세이며, 키가 몹시 크고 호리호리했다. 그리고 한 달 전에 맨해튼의 대학에 입학한 대학생이었다. 소녀는 외동딸이었고, 부모는 뉴욕에서 30분 거리에 위치한 부유한 동네인 웨스트체스터에 살고 있었다. 아버지는 호텔 체인을 운영했고 어머니는 자선 단체와 지역 사회의 일을 하고 있었다.

아이리스의 부모는 최근 몇 달 동안 아이리스가 자주 졸도를 했다고 설명했다. 주로 아침에 졸도를 했는데 마지막으로 졸도를 한 것은 학교 기숙사에서였다. 그리고 그녀를 치료해준 기숙사의 간호사에 따르면 아이리스의 혈압은 90/60mmHg로 저혈압이었다. (정상 혈압은 120/80mmHg 정도이다.)[2]

나는 아이리스와 이야기를 해보았다. 그녀는 몹시 마른 것에 비해 식욕은 왕성하다고 했다. 많이 먹는 것이 사실이라면, 갑상선 기능 항진증[3]일 수도 있었다. 다시 혈압을 재보았더니 100/80mmHg였다. 신체비만지수는 정상보다 매우 낮은 수치였다. 혈액 검사 결과 약간의 빈혈이 있었고, 에스트로겐과 칼륨의 농도가 매우 낮았다. 이는 영양실조와 탈수 증세가 틀림없음을 나타내는 지수였다.

나는 아이리스의 부모와 이야기를 나누었다. 부모나 보호자의 의견이 늘 정확한 것은 아니지만, 아이리스가 일부러 숨겼거나 무시한 중요한 정보를 알려줄 수도 있기 때문이다.

"우리 딸이 혹시 암에 걸렸을까봐 몹시 걱정이 됩니다, 선생님. 자주 졸도를 할 뿐만 아니라 최근 2년 동안 몸무게가 20kg이나 줄었어요."

---

2 심장은 박동하면서 피를 펌프질한다. 그러면서 동맥에 압력이 형성되는데, 이를 혈압이라고 한다. 혈압에는 두 종류가 있다. 수축기 혈압(심장 박동 시에 동맥에 걸리는 혈압)과 이완기 혈압(심장이 박동과 박동 사이에 쉴 때 동맥에 걸리는 혈압)이다. 일반인의 정상적인 수축기 혈압은 120mmHg, 이완기 혈압은 80mmHg이다.
3 갑상선 호르몬이 과다하게 분비되어 갑상선 중독증을 일으키는 상태를 뜻하며, 식욕이 왕성하지만 칼로리를 더 소모시켜 결국 체중이 줄어들게 된다.

나는 그 얘기에 놀라지 않을 수 없었다. 아이리스와 평소 식습관에 대해 이야기를 나누면서 최근에 몸무게가 줄었느냐고 물었지만 그녀는 아니라고 잡아뗐기 때문이다. 아이리스는 자신이 강철 같은 체력을 지녔다고 생각하고 있었지만, 사실 여러 가지 검사 결과와 졸도 증세는 정반대의 상태임을 보여주었다. 식욕도 왕성하다고 했지만, 실제로는 거의 먹지 않았다. 게다가 최근 3개월 동안 생리도 하지 않았다고 했다.

거식증에 걸린 소녀

혹시 신경성 거식증이 아닐까 의심했던 내 생각에 확신을 준 것은 아이리스의 말 한마디였다. "학교 친구들은 하나같이 뚱뚱해요. 저는 걔들처럼 뚱뚱해 보이는 게 싫어요."

아이리스는 나중에 모델이 되고 싶다고 했다. 그리고 친구들도 자신에게 패션 분야에서 성공할 수 있는 완벽한 몸매를 가지고 있다는 찬사를 보냈다고 덧붙였다.

나는 그녀를 설득하려 해보았다. 하지만 거식증을 앓고 있는 사람들이 보이는 전형적인 증세처럼, 아이리스도 자신이 심각한 문제를 가지고 있다는 것을 인정하지 않았다. 검사 결과로 볼 때 아이리스는 현재 영양실조 상태였고, 더 많이 먹지 않는다면 계속해서 졸도를 할 것이고, 앞으로 점점 더 상황이 악화될 것이었다. 그러나 아무리 설명해봐야 헛수고였다. 아이리스는 내 말을 듣긴 들었지만, 내가 하는 말을 믿으려 하지 않았다. 나는 아이리스에게 우리가 나누었던 이야기를 잘 생각해보고 4주 후에 다시 오라고 말했다.

며칠 뒤 나는 웨스트체스터 병원 응급실의 당직 의사로부터 전화 한 통을 받았다. 주말에 부모와 함께 지낸 아이리스가 아침에 침대에서 일어나는 순간, 의식을 잃고 쓰러져 바닥에 머리를 부딪히는 사고를 당한 것이었다. 최고 혈압이 75mmHg를 나타냈으므로 응급실 의사들은 어찌할 바를 모르며 걱정하고 있었다. 나는 아이리스의 저혈압은 머리를 부딪힌 것보다 훨씬 더 심각한 문제가 직접적인 원인이라고 설명해주었다.

나는 당장 아이리스를 만나러 병원으로 갔다. 그리고 그녀가 식사를 해야만 하고 섭식 장애를 치료하기 위한 처치를 하지 않으면 안 된다고 설득했다. 그녀는 침대에서 떨어져 머리에 외상까지 입은 참이라 순순히 내 말대로 치료를 받겠다고 했다. 다행히도 상처가 크지는 않았지만 입원을 해야 했다.

그러나 며칠 후 내가 병원을 찾았을 때 아이리스는 다시 예전과 같은 반응을 보였다. 아이리스는 자신은 아무 이상이 없는데 괜히 내가 과장하고 호들갑을 떠는 것으로 여겼다. 그리고 실제로는 더 많이 먹을 필요가 없다는 것을 절대 이해하지 못하는 의사에 불과하다고 확신하고 있었다. 병원에서는 그녀에게 정맥을 통해 수분을 공급해주며 일단 회복이 되길 기다렸다. 그러고 나서 식이 요법 상담 프로그램과 상담 치료사를 소개해주었다. 4주 후 아이리스의 어머니는 딸의 체중이 여전히 정상치에 미달이지만 조금씩 좋아지는 것 같다고 전했다.

그 후로 아이리스의 가족들과는 연락이 끊어져 거의 20년 동안 그녀의 소식을 듣지 못했다. 그랬다가 최근에 그녀의 어머니가 전화를 걸어와 딸이 자궁암에 걸려 사망했다는 슬픈 소식을 전해주었다.

"아이리스는 결국 모델의 꿈을 이루지는 못했지만 대학에서 경제학 공부를 마치고 몇 년 동안 아버지와 함께 일했어요. 결혼은 했지만 아이는 없었지요. 그런데 세월이 지나도 의사에 대한 불신감은 좋아지지 않아서 간단한 치료는 물론이고 가장 기본적인 건강검진조차 받지 않으려고 했어요."

그 결과 아이리스가 자궁암 진단을 받았을 때는 이미 치료 시기를 놓친 뒤였다고 했다. 종양이 다른 기관으로 전이된 상태였던 것이다.

병을 인정하지 못하는 심리

아이리스가 거식증 때문에 사망한 것은 아니다. 그러나 신경성 거식증이라는 진단을 내린 의사들에 대한 불신이 결국 죽음이라는 치명적인 결과를 초래했다고 해도 틀린 말은 아니다. 나를 포함해 의사들은 그녀에게 의사의 소명은 환자를 도와주고 병을 호전되게 하는 것이며, 환자는 의사를 신뢰해야 한다는 믿음을 끝내 주지 못했다. 그녀는 의사들에게서 등을 돌렸다. 마침내 의사의 진단을 받아들이고 도움을 요청했을 때는 이미 온몸에 암세포가 퍼진 후였다.

이 사례는 해피엔딩이 아니다. 실제로도 결말이 좋지 않은 신경성 거식증 환자의 수가 많다. 나는 이런 환자들에게 지속적으로 검사를 실시한다. 거식증이 진전되면 영양실조 때문에 심장이 약해지는 데다가 거식증의 치료가 매우 복잡하고 힘들다는 것을 경험으로 잘 알고 있기 때문이다. 그리고 무엇보다도 이런 환자들을 대할 때는 환자의 심리적인 문제에 대해서도 충분한 관심을 기울일 필요가 있다.

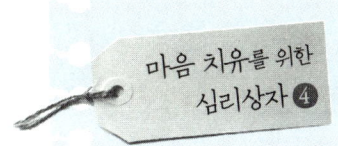

육체와 정신의 목숨을 건 싸움

의학과 심리학 전문가들이 거식증에 대해 제대로 관심을 갖기 시작한 것은 불과 50년 전부터다. 역사적으로 보면 중세 시대 유럽에서도 신비주의의 영향을 받아 음식을 거부한 여자 고행자들이 있긴 있었다. 17세기에 몇몇 의사들은 이런 놀라운 금욕 사례에 관심을 보였으며 '기적의 거식증'이라는 표현으로 그런 사례를 설명했다. 이런 금욕적인 여인들에게 먹지 않고 산다는 것은 초자연적인 일일 뿐만 아니라 인간 존재의 세속적인 측면과 자신을 단절시키는 하나의 방식이었다.

그러다 1880년, 뉴욕에 살던 거식증에 걸린 한 젊은 여자의 사례에 뉴욕인들이 뜨거운 관심을 보였을 때 〈뉴욕타임스〉는 이렇게 보도했다. "오늘날과 같은 시대에는 거식증에 걸린 젊은 여자의 놀라운 소식을 자주 접하게 된다." 얼마 전까지만 해도 자발적으로 단식하면서 해골만 앙상하게 남은 젊은 여자들에 관한 소식은 우려보다는 호기심을 더 유발했다. 실제로 명사인 양 유명세를 탄 여자들도 적지 않았다.

거식증과 대식증에 대한 의학계의 관심은 1980년대에 비만과 추한 외모에 대해 병적으로 거부감을 느끼는 사람들이 늘어나면서 더욱 심화되었다. 그 결과 섭식 장애는 정신 질환의 한 종류로 분류되었다. 요즘처럼 외모, 특히 체중 때문에 불쾌감을 느끼는 사람들(특히 여자들)이 많았던 적은 일찍이 없었다.

완벽함에 대한 지나친 열망

야윈 몸은 여자들에게 있어 자기 자신을 과시하고 공개적으로 우월감을 드러낼 수 있는 가능성을 제공해준다. 너무나도 원하는 두 가지 목표를 달성했다는 명백한 증거이기 때문이다. 두 가지 목표란 바로 날씬한 아름다움과 자기 통제이다. 그러나 아이리스의 사례에서 알 수 있는 것처럼, 문제는 거식증에 걸린 여주인공들의 마법 뒤에 육체와 정신 사이의 목숨을 건 싸움이 숨어 있다는 점이다.

신경성 거식증은 음식에 대한 강박적인 증오, 뚱뚱해지는 것에 대한 공포, 자신의 몸에 대한 왜곡된 이미지, 정상 체중의 85퍼센트에도 못 미치는 체중, 무월경, 만성적인 영양실조와 관련된 다양한 신체적인 증세 등으로 나타난다. 불행하게도 아이리스처럼 심각한 섭식 장애를 앓고 있는 여성들이 적지 않다. 이 병은 주로 중상류층의 젊은 여자들에게서 볼 수 있으며, 특히 모델과 발레리나들 사이에서는 그 비율이 더 높게 나타난다. 남자들이 걸린 경우는 겨우 6퍼센트에 불과하다.

거식증이 신경성 대식증으로 이어지는 경우도 빈번하다. 대식증의 전형적인 증세로는 살이 찌는 것에 대한 두려움 외에도 반복적인 과식을 들 수 있다. 예를 들면 어마어마한 양의 음식을 순식간에 정신없이 먹어 치우고 일부러 구토를 반복하는 식이다. 거식증이나 대식증에 걸린 사람들은 하나같이 단식과 폭식을 반복하고 운동을 과도하게 한다. 또 변비약과 이뇨제 혹은 영양의 흡수를 방해하거나 공복감을 완화시켜주는 약을 남용하는 경우가 많다.

치료를 받으면 상태가 호전되긴 하지만, 이 병과 관련된 사망률 역시 매우 높은 편이다. 가령 미국에서 거식증 환자의 사망률은 같은 연령대의 일반적인 사망률보다 12배나 높다. 이렇게 겉으로 나타나는 증세가 심각한데도 놀랍게도 거식증 환자들은 문제를 외면하거나 부인하는 태도를 보인다. 아이리스의 경우에도 마찬가지였다. 극단적인 영양실조도, 빈번한 졸도도, 침대에서 떨어진 일도 자신은 아무런 장애도 앓고 있지 않다는 그녀의 확신을 뒤집지 못했다. 더 심각한 문제는 그녀를 치료한 의사들을 포함해서 주변 사람들의 그릇된 인식이었다.

그녀의 부모가 초기에 딸이 보이는 심각한 증세의 심리학적 원인을 부인하거나 무시한 것은 이해할 수 있는 부분이다. 데이비드의 이야기에서 언급했던 것처럼, 환자의 가족들은 대체로 순전히 신체적인 원인에 매달리고 싶어 한다. 그들은 의식적이건 무의식적이건 우선적으로 몸의 변화에서 원인을 찾는다. 자녀의 정서적 장애는 사회적 오명으로 남을 수 있고 그 외에도 가족이나 주변 환경이 고통의 원인을 제공했다는 의미가 될 수 있기 때문이다.

복잡하고 다양한 거식증의 원인

거식증의 원인은 아직 정확히 알려져 있지 않다. 아마도 이 골치 아픈 병의 원인은 생리적, 심리적, 사회적 요인이 뒤섞여 나타난 결과일 것이다. 대다수의 사람들은 패션 산업과 마른 몸을 동경하고 뚱뚱한 몸매를 경멸하는 서양 사회의 아름다움의 기준에 그 책임을 돌린다. 현대 사회가 칭송하고 대중 매체가 전파하는 아름다움의 기준의 변화와 섭식 장애를 앓는 환자 수의 증가율을 따져보면 어째서 이런 병이 출현했는지 또 사회문화적 요인이 어떤 영향을 미쳤는지를 쉽게 알 수 있을 것이다.

오늘날 우리가 몸매를 중시하는 사회에서 살고 있다는 것을 부인할 사람은 거의 없을 것이다. 실제로 몸매가 매우 중요하다는 생각은 워낙 넓고 깊게 퍼져 있다. 이런 분위기에서 완벽한 몸을 만들겠다는 강박관념은 이 병의 보편적이고도 분명한 원인이 되고 있다. 오늘날의 문화가 강요하고 대다수의 여자들이 인정하는 이상적인 몸매를 갖기 위해 고군분투하는 모습은 가히 눈물겨울 정도다. 불완전한 몸매가 의미하는 사회적 오명에서 벗어나기 위해 소리 없이 갈망하는 의지 또한 마찬가지다. 이런 일은 특히 젊은 여자들 사이에서 자주 발생한다. 거식증을 앓는 여성들에겐 꿈꾸는 몸매를 달성하는 것보다 더 중요한 일은 없다.

그렇지만 순전히 사회문화적인 개념만 가지고 장애의 원인을 분석하려 들면 한계가 있다. 패션 잡지와 날씬한 모델들의 이미지 탓에 젊은 여성들은 평소에도 심한 압박감을 받는다. 젊은 여성들 중에는 그 이상적인 모습을 맹목적으로 추구하는 사람도 점점 늘어났다. 그렇다고 해서 모델들이 정상적인 신체비만지수를 갖도록 요구할 수는 없는 문제다. 사실 거식증의 원인이 단순히 광고 효과와 날씬한 것을 이상화하는 사회적 풍토 때문만은 아니다. 그것보다 훨씬 더 복잡한 원인이 있다.

거식증의 진정한 원인을 발견하려면 복합적인 관점에서 접근해야 한다. 이 병이 생기는 원인은 생물학적 취약성, 심리학적 성향, 가정과 문화적 분위기 등에서 비롯되기 때문이다. 사실 많은 사람들이 미용이나 패션 산업이 강요하는 메시지에 매료되거나, 날씬해지기 위해 다이어트를 하고 적극적으로 운동을 한다. 그런데 이들 중에 거식증이나 대식증에 걸리는 비율은 별로 높지 않다.

오히려 식사를 합리적으로 통제했던 젊은 여성들이 다이어트를 통해 신체적 혹은 감정적 만족감을 맛보게 되면서 점차 다이어트에 강박적으로 빠지게 된다. 다른 사람들의 시선을 끌거나, 외양적인 아름다움으로 다정한 인사말을 듣거나, 건강 문제로 부모가 애태우는 대상이 되면서 말이다. 이들 중에는 자신의 외모에 대한 왜곡된 이미지를 가지고 있으면서 날씬할수록 더 예쁘다고 생각하는 여자들도 있다. 이런 여자들은 살이 찌는 것에 대한 두려움이 너무 큰 나머지 배고픔을 느끼지 못한다. 그리고 영양실조가 원인이 되어 생리가 끊겨도 놀라는 대신 오히려 다이어트로 여성성의 생물학적 측면까지 통제했다는 것에 자부심을 느끼기도 한다. 음식과 섹스를 거부함으로써 세속적인 욕구를 좇으면서 살아가는 다른 사람들보다 도덕적으로 더 우월하다고 느끼는 것이다.

두세 달 정도 영양실조 상태로 지낸 사람들 중 일부는 영양결핍 상태에 점점 길들여지며, 배고플 때 느끼는 통증도 못 느끼게 된다. 나중에는 단식하기 위해 애써 노력하지 않아도 되는 단계에 도달한다. 극단적으로 마르는 기분 좋은 효과에 중독되었기 때문이다. 내가 치료한 비슷한 증세의 환자들 중 대부분은 살을 빼는 것에 중독성이 있다고 고백했다. 자기 통제와 섹스가 없는 삶, 정신적으로 완전무결한 상태와 같은 중요한 정서적인 욕구가 충족되면서 자신을 짓눌렀던 긴장감에서 놓여나기 때문이다.

다행히도 대다수의 사람들은 이 처참한 중독 상태에 빠질 수 있는 생리적, 심리적, 사회적 요소에 부합하지 않는다. 살을 빼기 위해 다이어트를 시작하거나 최소한의 음식조차 거부하는 사람들 가운데 극소수만이 이런 중독에 빠지며, 이들은 결국 영양실조 상태로 이어지게 된다.

치료는 병을 인정하는 것에서 시작된다

다른 병리적인 중독과 마찬가지로 거식증이나 다이어트 중독은 치료하고 극복하기가 매우 어렵고 복잡하다. 아이리스의 경우처럼 치료를 방해하는 가장 큰 장벽은 자신이 병에 걸렸다는 것을 의식하지 못하는 데 있다. 이러한 당사자의 인식 부족과 함께 현실을 대면하고 자신의 행동을 변화시키려는 동기가 부족한 것도 문제다. 치료를 받지 못한 거식증 환자들의 대다수는 점점 더 자신만의 어두운 세계에 갇혀 타인들과의 관계를 잃어간다. 그러다 혼자 고립되어 결국 자신을 파괴하게 된다.

결론적으로 아이리스가 암에 걸려 죽었다는 것은 너무나 가슴 아픈 일이다. 그녀가 정상적이고 지속적으로 자신의 건강을 돌보면서 예방 조치를 취했다면 조기에 암을 발견할 수 있었을 것이다. 그랬다면 아마도 암을 극복했거나 아니면 적어도 시간을 좀 더 벌 수는 있었을 것이다. 아무리 숭고한 이유가 있을지라도 자신의 몸을 돌보지 않는다는 것은 결국 생명을 경시하는 일이다.

고독한 사람들을 지켜보면 고립감과 의사소통의 부재는 더욱 좋지 않은 상태로 사람을 몰아가는 면이 있다. 그런 상태는 의료 시스템으로도 통제할 수가 없다. 또 고독한 사람은 몹시 까다롭게 군다. 의사는 결코 그의 기대를 충족시킬 수가 없다. 이런 사람의 심장은 고칠 수 있지만, 근본적으로 그 사람의 고독과 한은 의사가 치유할 수 없기 때문이다.

사실 이런 사람들의 더 깊은 속내를 들여다보면, 거만함과 까다로운 요구에 의지하여 무서운 질병 앞에서 흔들리는 마음의 균형을 유지하려는 것임을 알 수 있다. 원래 의존적인 사람들에게는 우월감을 느끼는 것이 믿음과 희망처럼 작용해왔다. 좀 더 성숙한 사람들에게는 믿음과 희망이 치료약이지만 말이다. 그런 의미에서 이런 환자들이 취하는 행동과 모습은 스스로를 보호하려는 일종의 방어 기전인 셈이다.

2부

결핍이 만들어낸 마음의 병

다섯 번째 이야기

"외로워서 먹었을 뿐이에요."

- **이름** 제인
- **나이** 18세
- **성별** 여자
- **증상** 호흡 곤란, 비만
- **특이 사항** 친구들에게 따돌림을 받고 있음

18세의 대학생인 제인이 내 진료실을 찾아왔다. 제인과 함께 온 부모는 걱정이 이만저만이 아니었다. 제인이 숨 쉬는 것을 힘들어하는 데다 제인의 주치의가 심장병 전문의를 찾아가보라고 조언했기 때문이었다. 제인의 아버지는 서점을 운영하고 있었고 어머니는 박물관에서 안내원으로 일하고 있었다. 그리고 제인은 이들의 외동딸로 맨해튼 대학에서 공부하고 있었다.

제인은 비만이었다. 그녀의 신체비만지수는 정상을 훨씬 웃돌았다. 제인은 최근 5년 동안 몸무게가 급격히 불어났으며, 그러면서 호흡 곤란 증세가 생겼다고 털어놓았다. 운동을 할 때는 물론이고, 허리를 굽혀 구두끈을 매거나 침대에 누워 있을 때도 마찬가지로 숨이 가쁘다고 했다.

제인의 증세는 뚱뚱하고 허리에 지방이 많은 사람들에게서 공통적으로 나타나는 문제다. 지방이 많아지면 흉부에 공간이 적어지고 흉곽이 수축되며 횡격막(가슴과 배를 나누는 근육으로 된 막)이 올라간다. 그렇게 되면 숨 쉬기가 어려워진다. '흉곽이 작아졌기' 때문이다. 비만 환자들도 서 있을 때는 횡격막이 올라가지 않기 때문에 호흡하는 데 크게 문제를 느끼지 않는다. 그렇지만 허리를 굽히거나 침대에 누우면 호흡하기가 매우 힘들어진다. 이런 자세에서는 횡격막이 올라가기 때문이다.

심장혈관 검사 결과, 제인의 심장에는 아무 이상이 없었다. 반면에 혈액 검사에서는 연령에 비해 나쁜 콜레스테롤LDL의 수치가 높았고, 좋은 콜레스테롤HDL의 수치는 매우 낮았다. 이런 결과는 비만인 사람들의 공통적인 특징이다. 또 혈압이 높은 것도 마찬가지다. 이런 문제는 하나같이 나이가 들수록 더 심해지며 건강에 안 좋은 영향을 미치게 된다.

전문가들은 허리보다는 엉덩이와 근육에 지방이 쌓이는 것이 차라리 더 낫다고 말한다. 허리는 많은 복부 기관들을 감싸고 있는 가장 예민한 부위기 때문이다. 몸에 지방을 축적하는 세포를 지방세포라고 하는데, 이 세포는 지방의 양을 조절하며 지나치게 쌓였을 때에는 지방을 배출시킨다. 이 세포는 은유적으로 '자살한 전사'라고 불리기도 한다. 지방의 양이 너무 많아져서 싸움에서 질 것 같고 주어진 미션을 달성할 수 없을 것 같다고 느끼면, 세포가 스스로 자살을 선택하기 때문이다.

지방세포가 스스로 사멸할 때 혈액에 독성 물질을 방출하는데 이 물질은 고혈압이나 당뇨의 원인이 되고, 콜레스테롤이나 트리글리세리드와 같은 지방질의 신진대사에 변화를 불러일으킨다. 이런 질병 역시 비만 환자들이 겪는 전형적인 특징이다. 비만인 사람들을 보면 고속도로에서 전속력으로 역주행을 하는 자살자들이 떠오른다. 이들은 자신은 물론이고 다른 사람까지도 위험에 몰아넣기 때문이다.

혼자만의 잘못이 아니다

나는 제인에게 비만 때문에 학교 친구들과 문제가 있느냐고 물었더니 그녀는 "그럴지도 모른다"고 대답했다. 그러면서 "친구가 별로 없기 때문에 신경 쓰지 않아요"라고 덧붙였다.

그녀는 학교에서만 고립되어 있는 것이 아니라 집에서도 혼자였다. 과자와 음료수를 친구 삼아 텔레비전 앞에 내내 붙어 있었다. 그토록 사교적인 부모 밑에서 그렇게 내성적인 성격의 딸이 태어난 것이 신기했다. 그녀의 부모가 직접 설명한 것처럼, 그들은 직업상 사교적일 수밖에 없었다. 그렇지 않으면 아버지는 서점에서 고객들을 대할 수 없었을 것이며, 어머니는 관광객들을 상대하기 어려웠을 것이다.

제인의 아버지는 뚱뚱했고 어머니도 과체중이었다. 그리고 두 사람 모두 고혈압과 당뇨를 앓고 있었다. 아버지는 40세부터, 어머니는 50세부터 시작되었다. 아버지와 어머니 쪽은 공교롭게도 형제가 각각 둘이었는데, 그들 모두가 정상보다 과체중이었다. 가끔 보면 가족들의 식습관이 너무 나쁜 나머지 그 집에서 기르는 고양이까지 뚱뚱한 가정이 있다. 이런 경우는 나쁜 식습관이 체중 증가에 결정적인 역할을 한 것으로 볼 수 있다.

잘못된 방법의 다이어트와 집안에만 틀어박혀 있는 생활습관도 비만의 원인이지만, 가족력도 비만의 중요한 원인이 된다. 부모들이 뚱뚱하면 자녀들도 두 가지 요소로 인해 뚱뚱해질 가능성이 높아진다. 유전적인 요소와 환경적인 요소가 큰 영향을 미치기 때문이다. 보통 가족들은 식습관을 공유한다. 제인의 가족은 식사 시간이 특별히 정해져 있지 않았다. 아버지는 서점 근처 식당에서 점심을 해결하고, 어머니는 박물관에서 짬이 날 때마다 빨리 먹을 수 있는 음식으로 끼니를 해결했다. 온 가족이 제멋대로 아무 때나 식사를 했던 것이다.

결국 나는 제인의 비만 문제가 후천적인 요인과 유전적인 요인에서 모두 영향을 받았다는 결론을 내렸다. 제인의 부모처럼 성인병에 걸리기 전에 제인 자신이 스스로 관리하는 것이 무엇보다 중요했다. 그렇지 않으면 몇 년 뒤에 심장 이상으로 나를 찾아올지도 모르는 일이었다. 뚱뚱한 젊은 사람들이 관리를 하지 않은 채 뚱뚱한 성인이 되면 고혈압과 당뇨, 지질 대사의 이상 등이 생길 수 있으며, 좋은 콜레스테롤 수치는 낮아지고 나쁜 콜레스테롤 수치는 올라간다. 그 결과 대부분의 사람들이 심장병이 생길 가능성이 매우 높아진다. 이것이 바로 대사증후군이라고 하는 병이다.

유전적으로 비만인 환자에게는 조심스럽게 접근할 필요가 있고 치료에 결정적인 메시지를 전달하는 것이 중요하다. 특히 환자의 정서적인 안정을 위해 가장 중요한 메시지는 '비만은 환자의 잘못이 아니라는 것'이다.

유전적인 비만에는 소위 말하는 '식욕의 문턱'이 존재한다. 이런 종류의 환자는 식욕을 채우려면 보통 사람보다 더 많이 먹어야 한다. 끊임없이 식욕이 솟아올라 웬만큼 먹어서는 좀처럼 만족하지 않는다. 그리고 시간이 흐르면서 결국 체중이 늘고 그와 더불어 자존감은 점점 상처를 받게 된다.

비만 유발 사회

비만 환자는 자신의 건강에 문제가 있다는 것을 이해해야 한다. 비만이 이미지의 문제이자, 미적이고 표면적인 문제일 뿐이라는 생각은 우리가 공통적으로 잘못 알고 있는 오류다. 사실은 그렇지 않다. 지방세포는 뇌와 소통할 뿐만 아니라 간, 근육, 면역계와도 소통을 한다. 앞서 말한 것처럼 비만은 고혈압과 당뇨, 심장병과 수면 무호흡[4] 증세를 동반할 위험을 증가시킨다. 또 비만 환자는 대장암이나 전립선암 혹은 유방암과 같은 흔한 암과 자궁암, 난소암, 췌장암 같은 발병률이 낮은 암에 걸릴 가능성도 일반인보다 더 높다.

미국에서 비만은 일종의 유행병이다. 성인의 60퍼센트 이상이 과체중이며, 그중 절반은 비만의 범주에 들어간다. 세계보건기구WHO는 전 세계에서 10억 명이 넘는 성인이 과체중이며, 이 중 3억 명 정도는 비만 환자일 것으로 추정하고 있다.

풍요로운 사회는 사회 구성원들에게 필요 이상의 부富를 축적하도록 권유한다. 몸의 지방도 사정이 비슷하다. 현대 사회에는 체중이 늘 수밖에 없는 시스템이 너무나도 많이 존재한다. 이미 '비만 유발 사회'라는 표현을 쓰고 있을 정도다. 이 말은 터무니없이 칼로리가 높은 청량음료나 알코올음료를 광고하고, 기름기가 가득한 음식을 권하고, 끊임없이 소비를 부추겨 비만을 조장하는 사회를 꼬집은 것이다. 그런데 역설적이게도, 시민들이 뚱뚱해지도록 부추긴 바로 그 사회가 이제는 비만에 대해 벌을 주고 있는 것이다. 마른 몸을

---

[4] 수면 무호흡증이 있는 사람은 수면 중에 일시적으로 호흡이 멈추고, 코를 심하게 골며, 밤에 자주 잠을 깨기 때문에 다음 날 몹시 피곤함을 느낀다.

| 성인의 신체비만지수(BMI) |

18세 이상

키	저체중	적정체중	과체중	비만	고도비만
1.50	42 미만	42~56	56~67	67~90	90 이상
1.51	42 미만	42~57	57~68	68~91	91 이상
1.52	43 미만	43~58	58~69	69~92	92 이상
1.53	43 미만	43~59	59~70	70~94	94 이상
1.54	44 미만	44~59	59~71	71~95	95 이상
1.55	44 미만	44~60	60~72	72~96	96 이상
1.56	45 미만	45~61	61~73	73~97	97 이상
1.57	46 미만	46~62	62~74	74~99	99 이상
1.58	46 미만	46~62	62~75	75~100	100 이상
1.59	47 미만	47~63	63~76	76~101	101 이상
1.60	47 미만	47~64	64~77	77~102	102 이상
1.61	48 미만	48~65	65~78	78~104	104 이상
1.62	49 미만	49~66	66~79	79~105	105 이상
1.63	49 미만	49~66	66~80	80~107	107 이상
1.64	50 미만	50~67	67~81	81~108	108 이상
1.65	50 미만	50~68	68~82	82~109	109 이상
1.66	51 미만	51~69	69~83	83~110	110 이상
1.67	52 미만	52~70	70~84	84~112	112 이상
1.68	52 미만	52~71	71~85	85~113	113 이상
1.69	53 미만	53~71	71~86	86~114	114 이상
1.70	53 미만	53~72	72~87	87~116	116 이상
1.71	54 미만	54~73	73~88	88~117	117 이상
1.72	55 미만	55~74	74~89	89~118	118 이상
1.73	55 미만	55~75	75~90	90~120	120 이상
1.74	56 미만	56~76	76~91	91~121	121 이상
1.75	57 미만	57~77	77~92	92~122	122 이상
1.76	57 미만	57~77	77~93	93~124	124 이상
1.77	58 미만	58~78	78~94	94~125	125 이상
1.78	59 미만	59~79	79~95	95~127	127 이상
1.79	59 미만	59~80	80~96	96~128	128 이상
1.80	60 미만	60~81	81~97	97~130	130 이상
1.81	61 미만	61~82	82~98	98~131	131 이상
1.82	61 미만	61~83	83~99	99~132	132 이상
1.83	62 미만	62~84	84~100	100~134	134 이상
1.84	63 미만	63~85	85~102	102~135	135 이상
1.85	63 미만	63~86	86~103	103~137	137 이상
1.86	64 미만	64~86	86~104	104~138	138 이상
1.87	65 미만	65~87	87~105	105~140	140 이상
1.88	65 미만	65~88	88~106	106~141	141 이상
1.89	66 미만	66~89	89~107	107~143	143 이상
1.90	67 미만	67~90	90~108	108~144	144 이상
1.91	67 미만	67~91	91~109	109~146	146 이상
1.92	68 미만	68~92	92~111	111~147	147 이상
1.93	69 미만	69~93	93~112	112~149	149 이상
1.94	70 미만	70~94	94~113	113~151	151 이상
1.95	70 미만	70~95	95~114	114~152	152 이상
1.96	71 미만	71~96	96~115	115~154	154 이상
1.97	72 미만	72~97	97~116	116~155	155 이상
1.98	73 미만	73~98	98~118	118~157	157 이상
1.99	73 미만	73~99	99~119	119~158	158 이상
2.00	74 미만	74~100	100~120	120~160	160 이상

신체비만지수는 다음과 같은 공식으로 계산한다.

$$BMI = \frac{체중(kg)}{키^2(m^2)}$$

가령 키가 1.75m이고 체중이 75kg인 사람의 BMI는,

$$BMI = \frac{75}{1.75^2} = 23.4$$

BMI 18.5 미만은 저체중
BMI 18.5~25는 적정체중
BMI 25~30은 과체중
BMI 30~40은 비만
BMI 40 이상은 고도비만

선호하는 아름다움의 기준을 내세워서 말이다. 모든 유행병이 그렇듯이, 유행병에 대한 보건 시스템을 구축하기 위해서는 경제적으로 천문학적인 비용이 들어간다. 그러니 비만 예방은 비만의 가능성이 있는 개인을 위해서는 물론이고 사회를 위해서도 가장 건강한 해결책이 아닐 수 없다.

비만은 개인적인 문제이기도 하지만 공중 보건의 문제이기도 하다. 최근에 많은 나라에서 담배 연기가 없는 환경을 조성하기 위한 법률을 통과시키거나 담배의 해로운 영향을 시민들에게 올바로 홍보하기 위한 캠페인을 추진하고 있다. 비만을 예방하기 위해서도 이와 유사한 정책이 필요하다. 학교와 텔레비전 프로그램 역시 비만 문제에 더 신경을 써야 할 것이다. 유아비만이 특히 우려할 만한 수준으로 증가하고 있기 때문이다. 건강한 다이어트 방법을 소개하고 공공체육 시설과 수영장 및 자전거 도로를 늘리는 등 신체 활동을 증진하는 기획과 홍보 캠페인을 벌이는 것이 중요하다.

자신의 삶을 통제할 줄 아는 능력

비만에 대해 환자가 죄책감을 느낄 필요는 없지만, 치료에 적극적으로 참여하면서 자신의 삶과 몸을 합리적으로 통제해나가는 것은 환자의 몫이다. 식이 요법을 꾸준히 지속하고 식사 시간을 매우 엄격하게 지켜야 한다. 구체적으로 말하자면, 나는 제인에게 하루 세 번 식사할 것을 권유했다. 그리고 부모에게는 적어도 한 사람은 제인과 같이 식사를 하면서 딸을 도와주도록 부탁했다. 또 음식과 관련된 상황, 특히 텔레비전 앞에 앉아 음식을 먹는 상황을 피하라고 조언했다.

빨리 체중을 줄이고 싶다는 생각은 천천히 체중을 줄이기 위한 첫 번째 단계의 추진력으로만 이용하는 것이 좋다. 그래야 살을 뺄 수 있다. 체계적이고 느린 방법으로 살을 빼는 것이 가장 좋다. 지나치게 야심찬 계획은 좌절로 치달을 뿐이지만, 현실적인 목표는 환자가 목표를 달성한 것에 자부심을 느끼게 하고 자존감을 회복시켜준다.

다음으로 나는 제인에게 다른 사람과 함께 운동을 해보라고 권했다. 친구가 있으면 동기부여도 되지만 내성적인 성격도 개선될 수 있을 것 같았다. 그리고 신체 활동은 심리적인 자극을 주며 이는 훨씬 더 계획적인 생활을 할 수 있게 해준다. 운동을 하면 뇌에서 식욕을 억제하는 물질이 방출된다. 또 근육계 생성물과 엔도르핀이 방출된다. 심혈관계에 미치는 영향을 보자면, 신체 활동은 좋은 콜레스테롤 HDL의 수치를 높여주고 해로운 트리글리세라이드, 즉 중성지방의 수치는 떨어뜨린다. 그래서 혈압이 내려가고 과체중과 비만에도 도움이 된다. 50대 사람들 중 규칙적으로 운동을 하는 사람은 앉아서 일만 하는 사람보다 평균 수명이 4년 더 길다는 연구 결과가 있다.

마지막으로 자신을 더 많이 돌보고 자신의 몸이 원하는 것에 귀를 기울이는 것이 부끄러운 일이 아니라는 것을 이해해야 한다고 설명해주었다. 자신을 열심히 돌보는 사람들에게 간혹 이기적이라는 그릇된 딱지를 붙이는 경우가 있는데 그건 잘못된 것이다. 가족과 사회에 공헌하는 것도 중요하지만 자기 자신에게 헌신하는 것도 중요하다. 또한 다른 사람들의 삶을 통제하려 드는 사람과 자신의 삶을 통제하는 사람들을 똑같이 여겨서는 안 된다. 전자의 사람들은 불안하고 지배적인 성격이거나 노이로제에 걸린 사람들이다.

제인은 겉으로는 자신의 습관을 바꾸는 것의 중요성을 인식한 것처럼 보였다. 그런 모습으로 그녀는 내 진료실을 떠났다. 4년 뒤 나는 보스턴으로 옮겨 하버드 대학교 부속병원에서 근무했다. 그때 제인이 나를 찾아온 적이 있었다. 그녀는 하버드 법대에 다니고 있었던 것이다. 비록 유전으로 물려받은 가족력 때문에 정상적인 신체비만지수의 경계선상에 있었지만 이제 비만은 아니었다. 제인은 친구가 많은 외향적인 아가씨가 되어 있었다. 자존감도 회복한 것 같았다. 실제로 어떤 요소들이 그녀에게 좋은 영향을 주었는지는 알 수 없다. 다만 몇 년 전에 우리가 나눴던 대화가 변화의 시작이 아니었을까 하고 생각하고 있다.

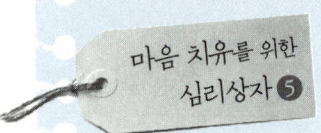

목표를 달성하는 기쁨에 대하여

제인이 겁에 질려 병원을 찾은 것은 숨을 제대로 쉴 수 없었기 때문이다. 그렇지만 제인은 비만이 호흡 곤란의 원인일 뿐만 아니라 자존감을 좀먹는 실체이며, 그것이 자신을 사회적 고립 상태, 자포자기 상태로 몰아갔다는 사실은 모르고 있었다.

서구의 문화는 마른 몸을 선호한다. 많은 사람들이 과체중인 사람을 게걸스럽고, 게으르며, 단정치 못한 사람으로 간주하곤 한다. 그리고 뚱뚱한 사람들을 거부하고 '대체 어쩌다 저렇게 된 거지?'라며 비난한다. 사람들은 어떤 이유든지 간에 비만인 사람은 자신의 삶과 자신의 몸을 통제하지 못한 것으로 여기고 이들을 경멸한다.

무엇보다도 과체중인 사람들이 안고 있는 가장 큰 문제는 식욕과 정서적인 상태(불안, 좌절감, 스트레스, 슬픔)를 구분하여 받아들이지 못한다는 점이다. 다시 말해 스트레스를 받고 불안감을 느낄 때 먹는 것으로 만족감을 얻으려 한다는 것이다.

악순환의 고리를 끊어내려면…

어린 친구들은 타인과 매체를 통해 보여지는 사회적 가치와 규범을 그대로 수용한다. 가령 사회적으로 인정받는 모델과 자신을 비교해서 자신의 신체적인 매력에 대해 평가하게 된다. 이런 평가는 실제적으로 자기 자신에 대한 개념을 형성하는 데 큰 영향을 미친다. 10대들은 자신의 외모가 사회적으로 칭찬 받는 기준에 부합한다고 생각하면, 그런 기준에 부합하지 않는다고 생각할 때보다 훨씬 더 높은 자존감을 느끼게 된다.

자존감은 주변 사람들이 우리에 관해 표현하는 의견에 따라 좌우될 때가 많다. 주변 사람들로부터 모욕이나 비난을 받았다고 느끼는 사람들은 수치심을 느껴 그들과 거리를 두려 하고 자신에 대해서도 호의적인 개념을 갖기가 쉽지 않다. 특히 청소년들은 타인의 평가와 친구들의 의견에 민감하게 반응한다.

제인은 악순환의 고리에서 벗어날 수 없었다. 제인은 자신이 뚱뚱하기 때문에 친구들과 친해지지 않는다고 생각했다. 그래서 자신을 보호하기 위해 그들과 거리를 두었던 것이다. 그러자 더 깊은 외로움과 고립감을 느꼈으며, 공허함과 애정 결핍을 달래기 위한 진정제로 먹는 것을 선택했다.

자기 자신에 대한 평가는 대부분 우리가 스스로에 대해 갖고 있는 이미지와 되고 싶은 사람의 이미지 사이의 균형에 따라 달라진다. 이것이 불균형할수록 무기력감과 좌절감을 느낄 가능성이 더 높아진다. 제인의 경우는 무기력감의 결과를 잘 보여주고 있다. 자신의 상황을 변화시킬 수 없으며 무엇을 해도 상황이 전혀 개선되지 않는다고 느끼는 사람들은 삶의 압박과 요구에 무감각해지며 결국 패배주의자로 전락할 가능성이 높다.

무기력감이 오래 지속되면, 자신감이 사라지고 사기가 저하되며 희망이 고갈된다. 그래서 의사들은 어떤 경우에도 비만 환자가 좌절감을 느끼면서 진료실을 나가는 일이 없도록 최선을 다해야 한다. 그러기 위해서는 이해심과 낙관적인 생각으로 그들을 대해야 한다. 또 실현 가능하고 유용하며 구체적인 방법을 제시하여 비만으로 이어지는 나쁜 습관을 점진적으로 버릴 수 있도록 조언해야 한다. 사람들은 작은 목표라도 그 목표를 달성했을 때 자신에 대해 자부심을 느끼며, 자신감과 동기부여가 증대되는 법이다.

합리적으로 삶을 통제하는 느낌

누구나 장기적으로 설정한 목표를 달성하는 기쁨을 경험해본 적이 있을 것이다. 특히 많은 노력과 의지력을 기울여야 하는 일일수록 그 성취감은 더욱 크다. 이때 가장 필요한 인간의 특성은 생각과 감정 및 행동을 조절하는 실행 능력이다. 사람들은 자신이 한 행동의 결과를 예측할 수 있으며, 미리 대책을 세우거나 우리의 안전과 행복을 유지시켜주는 행동을 선택할 수 있다. 그리고 우리가 세운 목표를 달성하기 위해 의사결정을 내린다.

이런 실행기능executive functions은 점차 강화되는 것이다. 인간은 어릴 때부터 자아와 욕구를 인식하면서 자신이 해야 할 일과 해서는 안 될 일을 구분해나간다. 어른들에게 반복적으로 들어온 잔소리를 기준 삼아서 말이다. 나이가 들면서는 정신적인 실행기능 덕분에 에너지를 조절하고 전략을 세우며 자신의 계획을 방해하는 충동을 통제할 수 있게 된다.

그렇다고 우리가 하는 모든 행동이 의식적으로 신중하게 선택한 결과라는 의미는 아니다. 오히려 인간 행동의 대부분은 반사적인 행동이다. 그럼에도 불구하고 더 높은 목표를 추구하려 하고, 자제력을 갖고 의식적으로 충동을 억제하려는 노력이 기본적인 실행 능력이다. 예를 들면 체중을 줄이기로 결심한 사람이 패스트푸드점 앞을 지날 때마다 치즈버거의 유혹을 받아도, 이런 유혹을 물리칠 수 있게 해주는 것이 바로 실행기능이다.

우리의 실행기능은 정체성의 중요한 부분을 형성하고 스스로의 능력에도 의미를 부여한다. 정서적으로 행복감을 주는 중요한 요소 가운데 하나는 '합리적으로 삶을 통제하고 있다는 느낌'이다. 삶을 꾸려갈 때 자신이 운전석에 앉아서 스스로 의사결정을 내리고 하루하루를 지배하고 있다고 생각한다면 안정감과 만족감을 느끼게 된다. 뿐만 아니라 환경을 지배하지 못한다고 여길 때에도 역경을 더 잘 극복하게 된다. 일반적으로 자신의 행동을 통제하고 조절하는 능력과 삶에 대한 만족감은 서로 상관관계가 있다.

모든 탄생에는 죽음이 뒤따른다. 이런 상관관계는 인간의 힘으로 바꿀 수 없다. 그런데도 인간의 유전자는 유한한 삶이 아닌 영원한 존재를 추구한다. 이런 상황에서 우리가 할 수 있는 것은 기대 수명을 연장해주는 건강한 습관을 기르는 일뿐이다. 어쨌든 우리가 죽은 다음에는 행복해지기 위해 아무것도 할 수 없지 않은가.

여섯 번째 이야기

모든 사람에게 버림받은 자의 슬픔

- **이름** 오스카
- **나이** 72세
- **성별** 남자
- **증상** 가슴에 통증을 느낌

　40년 동안 전문의로 일하면서 나는 매우 다양한 성격을 지니고 다양한 환경에 처한 수많은 환자들을 진료해왔다. 하지만 오스카처럼 그렇게 까다롭고 힘들게 하고 거만한 사람은 거의 처음이었다.
　처음 오스카를 만났을 때, 그는 내게 겁을 주었다. 그는 자신을 어느 큰 보험 회사의 사장이라고 소개하면서 나를 위아래로 훑어보았다. 그리고 떨떠름한 표정을 지으며 이렇게 말했다. "나를 치료했던 의사들은 하나같이 무능한 의사들이었소. 그런데 어떤 사람이 당신에 대해 좋게 이야기를 하길래, 그마나 덜 무능한 의사이기를 바라는 마음으로 찾아왔을 뿐이오."

나는 그의 말에 어떤 반응을 보여야 할지 알 수 없을 만큼 당황스러웠다. 내가 냉정함을 되찾고 그토록 비판적이고 위협적인 사람과 대화를 시작하기까지는 좀 더 긴 시간이 필요했다.

당시 오스카는 72세였고 독신이었다. 그리고 그에게선 매우 고독한 분위기가 풍겼다. 그는 8년 전까지는 담배를 하루에 두 갑씩 피웠는데 그 즈음부터 약간만 힘을 써도 가슴에 극심한 통증이 느껴져서 하루에 반 갑으로 줄였다고 했다. 그리고 아직까지 아무도 그 통증의 원인을 밝혀낸 의사가 없다고 덧붙였다.

나는 과거에 다른 심장병 전문의들이 실시했던 검사의 기록을 훑어보았다. 혈관 조영술을 실시한 적이 있었다. 혈관 조영술은 심장 관상동맥이 막혔는지를 알아보는 시술이다. 환자의 팔이나 서혜부에 관을 삽입하여 심장까지 도달하게 하는 방법으로 시술이 이루어진다. 그런 다음 조영제를 주사하여 심장으로 혈액이 잘 유입되는지를 평가한다. 당시 의사들은 오스카의 관상동맥 두 군데에서 경미한 이상을 발견했으며, 수술을 하기로 결정한 것으로 기록되어 있었다.

실제로 이런 문제가 통증의 원인인지를 확인하기는 쉽지 않다. 그리고 보통 두 개의 동맥이 막혀 있으며 수술이 필요하다고 결정되면, 혈관 성형술을 실시한다. 이 경우에는 그것이 덜 위험하기 때문이다. 그런데 놀랍게도 오스카가 받은 수술은 혈관 성형술이 아니라 바이패스bypass 수술이었다. 바이패스 수술은 다리에 있는 정맥을 심장에 이식하여 막힌 관상동맥 주변 혈액의 흐름을 원활하게 해주는 것으로, 훨씬 더 복잡한 수술이다. 더구나 오스카는 더블 바이패스 수술을 받았다.

나는 의사들이 그토록 대담한 수술을 강행한 이유를 알고 있느냐고 오스카에게 물었다. 내 질문에 대한 그의 대답은 그의 성격을 단편적으로 드러내주는 열쇠였다. "의사들에게 '모 아니면 도'라고 설득했소."

분명한 것은 더블 바이패스 수술을 받고 나서도 그의 가슴 통증이 가라앉지 않았다는 사실이다. 3년 뒤, 오스카는 다른 의사를 찾아가 다시 검사를 해달라고 졸랐다. 그리고 이번에도 역시 혈관 성형술을 해달라고 설득했다. 그 이유를 설명하는 그의 말에 나는 또다시 아연실색하고 말았다. "그것이 가장 적절한 수술이라는 데 우리 모두의 의견이 일치했소." 내가 놀란 이유는 자신이 의사가 아닌데도 심장병에 관한 자신의 의견을 가장 중요하게 여긴다는 느낌을 받았기 때문이다. 한마디로, 오스카는 의사들 머리 위에 올라가 있으려고 했다.

그래도 통증은 멈추지 않았다. 그 상태에서 오스카가 내 진료실을 찾은 것이었다. 나는 검사를 실시하고 심장에 이상이 있다는 결론에 도달했다. 그러나 그것은 경미한 증세일 뿐이었다.

마음의 성벽을 쌓다

오스카의 과거사에는 내가 모르는 무언가가 있는 게 분명했다. 나는 오스카가 사장으로 있다고 말한 그 보험 회사에서 일하는 한 친구에게 전화를 걸어 알아보았다. 사실 오스카는 회계 부서의 중간급 관리자로 일하다가 최근에 은퇴를 했다고 했다. 이 얘기를 듣고 나는 한 가지 우려되는 것이 있었다. 그것은 오스카가 맺고 있던 유일한 인간관계가 직장 동료들과의 관계였는데, 은퇴한 뒤에는 고독하게 사는 것이 아닐까 하는 점이었다.

그래서 그에게 검사 결과를 알려주면서 나는 두 가지 조언을 해주었다. 먼저 가슴 통증의 원인은 분명하게 밝히기 어렵지만, 어쨌든 생명에는 전혀 지장이 없다는 사실을 전해주었다. 그리고 정기적으로 검사를 해줄 테니 안심하라고 당부했다. 두 번째 조언은 사람들과 더 많이 어울려야 하며, 사람들을 사귈 수 있는 활동을 하거나 무언가를 배우는 것이 좋겠다는 것이었다. 이 두 번째 조언이 첫 번째 조언보다 더 중요했다. 여기까지는 좋았다. 하지만 내가 문득 개나 고양이나 잉꼬를 키워보라는 제안을 하자, 그는 불같이 화를 냈다. "당신도 다른 의사들처럼 아는 것 없기는 마찬가지면서 함부로 남의 사생활에 끼어들려고 하지 마쇼!" 오스카는 몹시 흥분하여 소리치고 화를 냈지만, 그렇다고 내게 발길을 끊은 것은 아니었다.

그 후로 2년 동안 우리는 별다른 충돌 없이 만나왔다. 그러나 어느 주말에 또 한 번 일이 꼬이고 말았다. 내가 다른 도시에서 개최되는 세미나에 초대를 받아 진료실을 비웠는데, 우연히도 그날 내 비서까지 몸이 아팠던 것이다. 오스카는 평소처럼 가슴에 통증을 느꼈고, 그래서 내 진료실로 전화를 했으나 아무도 받지 않았다. 병원에서 유일하게 통화하는 두 사람이 모두 부재중이었던 것이다.

다음 날 오후 내가 아직 다른 도시에 머물고 있을 때 마침내 오스카와 연락이 닿았다. 그는 다짜고짜 고함을 지르며 자신은 "모욕을 당한 느낌이고 이렇게 무책임한 사람들을 상대해본 적이 없다"고 말했다. 나는 병원에 있는 동료 의사에게 전화를 걸어 오스카의 진료를 부탁했다. 그 의사는 관상동맥에서 약간의 문제를 발견했으나 심각하지 않다고 전했다. 그러나 오스카는 또다시 혈관 성형술을 해달라고 졸랐다.

나는 세미나에서 돌아오자마자 의료 팀과 회의를 하면서 오스카는 성격이 너무 강한 환자라고 주의를 주었다. 앞으로 만약 다른 사람이 오스카를 진료하게 되더라도, 내 동의 없이는 수술을 할 수 없다고 못 박았다. 오스카가 아무리 고집을 부리고 겁을 주더라도 말이다. 그리고 2주일 후에 정확히 내가 우려했던 일이 발생했다. 오스카가 가슴 통증을 호소하며 다시 병원에 나타나 당장 수술을 해달라고 졸라댄 것이다. 의사들은 거부했다. 오스카는 펄펄 뛰며 내게 전화를 걸어 "이 병원 의사들은 아무 짝에도 쓸모가 없으며, 자기는 더 좋은 다른 병원으로 가겠다"고 경고했다.

실제로 오스카는 다른 병원으로 가버렸다. 그래서 그 후 2년 동안은 그에 관해 아무런 소식도 들을 수 없었다. 그런데 3주일 전에 오스카가 내 비서에게 전화를 걸어 진료 시간을 예약했다. 아마도 새로 찾아간 의사 역시 오스카의 요구를 만족시키지 못한 모양이었다. 나는 다시 그를 진료했다. 이번에는 그가 한결 차분하게 느껴졌다. 마침내 오스카는 의사들과 맞서 싸우는 일에 지친 것 같았다.

고통과 싸우는 방식

이제 나는 오스카를 환자로 만나는 일이 아무렇지도 않다. 그가 다시 불같이 화를 낼지라도 말이다. 그것이 개인의 문제가 아니라는 것을 알기 때문이다. 어느 정도까지는 성격적인 부분도 있겠지만, 까다롭고 난폭하게 화를 내는 환자의 이면에는 자신의 고통과 싸우기 위해 분노의 성벽을 쌓은 사람이 존재한다는 것을 이제는 잘 알고 있다.

나는 고독한 사람들을 자주 진료하게 된다. 그들을 지켜보면 고립감과 의사소통의 부재가 사람을 더 나쁜 상태로 몰아가는 듯하다. 그런 상태는 의료 시스템으로도 통제할 수 없다. 또 고독한 사람은 몹시 까다롭게 군다. 의사는 결코 그의 기대를 충족시킬 수 없다. 이런 사람의 심장은 고칠 수 있지만, 근본적으로 그 사람의 고독과 한恨은 의사가 치유할 수 없기 때문이다.

오스카는 슬프고 불행한 사람이다. 그는 모두에게 버림받았다고 생각해 슬퍼하는 것이다. 그에게 있어 가슴 통증은 사람들의 관심을 끄는 하나의 방법일 뿐이다. 그토록 병원을 자주 찾는 이유 또한 그것이 자신의 건강을 염려해주고 언제든 자신을 받아주는 사람들과 관계를 맺는 일종의 연결 고리이기 때문일 것이다.

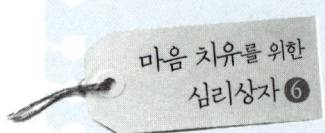

언제까지나 위로를 받고 싶은 속내

 의사들도 간혹 어떤 환자에게는 유독 부정적인 느낌을 갖게 되는 경우가 있다. 의사의 이상은 '모든 것을 알고, 모든 것을 사랑하며, 모든 것을 치료하는 것'이라는 격언에 따르는 것이지만 현실과 이상은 차이가 있게 마련이지 않은가. 환자에 대한 부정적인 느낌은 의사의 객관적인 판단을 방해하므로 이런 환자는 적절한 다른 동료 의사에게 넘기는 것이 더 바람직할 것이다. 그러나 이런 현명한 추천 행위가 성격이 까다로운 환자를 진료해야 하는 상황에는 맞지 않을 때가 종종 있다.

 환자에 대한 의사의 감정적 반응을 무조건 배제할 수는 없다. 그런 반응이 아예 존재하지 않는 척하며 덮어두는 것도 신중한 자세는 아니다. 자애로운 어머니도 까다롭게 굴고, 고집을 부리고, 힘들게 하는 어린 자녀에게 한 순간 거부감을 느낄 때가 있는 법이다.

 정신의학은 의사와 환자 사이의 관계의 부정적인 측면을 깊이 있게 연구한 유일한 의학 분야다. 20세기 초, 정신분석학의 아버지인 지그문트 프로이트Freud는 의사의 무의식적인 정서적 갈등으로 인한 환자에 대한 성적 반응을 '역전이counter transference'라는 용어로 표현했다. 그로부터 몇 십 년 후, 이 단어의 의미는 확대되어 오늘날은 전문 치료사가 환자에게 느끼는 역효과의 감정으로 확대 해석되고 있다. 이는 의사의 객관성과 효율성을 방해하는 감정이다. 이런 부적절한 감정은 의식적인 것일 수도 있고, 무의식적으로 생길 수도 있다.

상반된 감정의 문제

오스카의 행동은 사실 '도저히 참을 수 없는 환자'의 전형적인 모습이다. 변덕스럽고, 도전적이며, 압제적이고, 무례했다. 한편 자신에게 과도하게 의존하는 환자를 견딜 수 있는 의사도 그다지 많지 않다. 오스카와 같은 사람들은 다른 사람들과 안정적으로 정서적 관계를 형성하고 유지하는 것을 매우 힘들어한다. 동시에 이들은 의존적이며 까다롭다. 또 다른 사람에게 시도 때도 없이 절대적인 관심을 받아야만 직성이 풀린다. 뿐만 아니라 의사 앞에서도 엄포를 놓고 죄책감을 자극하여 언제까지나 의사의 위로를 받고자 하는 성향이 있다.

오스카는 의존적이고 자기애가 강한 성격이었다. 그의 행동을 조절하는 사이클은 그가 정서적으로 불안하고 고독하며 매우 의존적인 사람이라는 사실에서 시작된다. 착한 나르시시스트인 만큼 한편으로는 자신의 의존적인 성격을 혐오하고 있다. 이런 모순을 극복하기 위해 그는 자신이 의존하는 사람들을 거부하고 망신을 주면서 의존적인 관계를 끊으려고 무의식적으로 애를 쓰는 것이다. 그러나 결과는 더욱 불안하고 고독한 감정을 느낄 뿐이다. 오스카의 경우, 이런 불안함이 자신도 모르는 사이 가슴 통증으로 전환되고 있는 것 같다. 이 통증은 사이클의 처음으로 다시 돌아가 다른 사람들을 붙잡고 그들에게 의존하기 위한 입장권처럼 사용되곤 했다. 이런 악순환은 다른 사람들과의 모든 정서적 관계에서 발생했다. 특히 의사들과의 관계에서는 더 두드러졌다.

오스카에게 가슴 통증은 주변 사람들, 특히 의사와 간호사들의 관심을 끌 수 있는 유일한 방법이다. 이 전략이 타인들의 관심을 받는 데 성공하지 못할 경우, 오스카는 최소한의 거절조차 완전히 버림받는 것으로 해석했다. 그래서 발렌틴과 즉시 연락이 닿지 않자 그토록 심하게 화를 냈던 것이다.

발렌틴은 오스카의 깊은 고독감을 완벽하게 눈치 챘다. 그의 사교 생활을 확대하거나 애완동물을 키워보라는 제안은 정확한 판단이었다. 그러나 오스카가 발렌틴에게 의존하고 싶은 욕구가 분노와 원망으로 표출된다는 사실은 미처 예측하지 못했다.

발렌틴은 그를 놀라게 했을 뿐만 아니라(심장병 의사가 애완동물을 처방해줄 것이라고 예상하는 사람은 거의 없다!), 그의 아픈 곳을 건드린 것이다. 그는 오스카를 괴롭혔던 진짜 문제를 끄집어냈다. 타인과 어울리고 싶은 초조감과 고독 앞에서 느꼈던 깊은 '양가감정 ambivalence'이 바로 그것이다.

오스카 같은 환자들은 의사를 확실히 자신에게 붙잡아두기 위해 '직무유기 대한 위자료를 청구하겠다'거나 '고소를 하겠다'는 식의 다소 협박성이 짙은 말을 하곤 한다. 그러나 이런 사람들의 무례한 태도와 의사에 대한 공격은 깊은 의존성에서 비롯된 것이다. 한편 의사들은 의사들대로 환자의 적대감이 근본적으로 버림받을까봐 두려워하는 마음에서 비롯된다는 것을 인식하지 못할 때가 많다. 오스카 같은 환자들은 자신이 우월한 것처럼 행동한다. 또한 거만한 태도로 일관하면서 자신의 모든 욕구는 모두 충족되어야 한다고 믿기 때문에 분노하고 원망하며 의사에 대해 비난하는 것도 서슴지 않는다. 그러다 결국 의사가 항복을 하거나, 포기하고 마는 결말을 맞게 된다.

사실 이런 환자들의 더 깊은 속내를 들여다보면, 거만함과 까다로운 요구에 의지하여 무서운 질병 앞에서 흔들리는 마음의 균형을 유지하려는 것임을 알 수 있다. 물론 이 모든 것은 무의식적으로 진행된다. 본래부터 의존적인 사람들에게는 우월감을 느끼는 것이 믿음과 희망처럼 작용해왔다. 좀 더 성숙한 사람들에게는 믿음과 희망이 치료약이지만 말이다. 그런 의미에서 오스카 같은 환자들이 취하는 행동과 모습은 스스로를 보호하려는 일종의 방어 기전인 셈이다.

일곱 번째 이야기

누구나 겪을 수 있는 우울증

- **이름** 새뮤얼
- **나이** 51세
- **성별** 남자
- **증상** 심장병과 우울증

　새뮤얼은 다른 심장병 주치의의 소개로 나를 처음 찾아왔다. 그의 주치의는 코네티컷의 뉴헤이븐에 있는 예일 대학교 병원에서 나와 함께 근무했던 동료 의사였다. 새뮤얼은 맨해튼에서 양복점을 운영하고 그의 아내는 인터넷 회사에서 일하고 있었다. 그리고 이들 부부에게는 어린 두 아들이 있었다.
　새뮤얼은 젊을 때부터 만성 심장병을 앓아왔다. 25세에 비후성 심근병증 진단을 받은 것이다. 이 병은 선천성이며 대체로 후손에게 유전된다. 이런 환자들의 심장 근육 벽은 정상보다 더 두꺼우며 그 때문에 혈액이 원만하게 흐르지 못하는 것이다. 이 병에 걸리면 심장이 박동과 박동 사이에 휴식을 취하지 못하게 된다. 또 혈류 장애를 메우느라 심장이 더 많은 일을 하게 되고 혈액이 제대로 흐르게 하기 위해 좁아져 있는 혈관을 열어가면서 순환을 시켜야 하기 때문에 매우 피곤해진다. 이 병에 걸린 사람은 걸어 다닐 때 현기증을 느낄 수도 있다. 무엇보다도 이 병의 가장 무서운 특징은 돌연사의 위험성이 있다는 사실이다.

신기한 것은 새뮤얼이 51세가 되어서야 이 병을 치료하기 위해 나를 찾아왔다는 점이었다.

"제 아버지가 돌연사로 돌아가셨는데, 그때 아버지의 연세가 51세였습니다. 그리고 그때 저는 고작 열두 살이었는데, 아버지의 갑작스러운 죽음은 제 유년기에 깊은 상처를 남겼습니다."

유태인 수용소에서 도망친 폴란드인인 새뮤얼의 아버지가 심근병증을 앓았는지는 확실히 알 수 없다. 다만 갑작스러운 사망과 심근병증의 유전 가능성으로 미루어볼 때 새뮤얼의 아버지 역시 그 병을 앓았던 것 같다고 추측해볼 뿐이다. 친가 쪽 친척들 중에 같은 병을 앓은 사람이 있는지도 확인할 방법이 없다. 친척들 대부분이 나치 수용소에서 사망했기 때문이다.

나는 새뮤얼을 검사하면서 심장 가운데에 있는 소위 중격이라고 하는 심장 근육 벽이 몹시 비대해져 있는 것을 발견했다. 불행하게도 내가 걱정했던 일이 사실로 확인되었다. 그의 심장은 돌연사할 가능성을 품고 있었다.

어떻게 치료할 것인가

불행 중 다행으로 나는 두 가지 방법을 써서 위험을 줄일 수 있었다. 하나는 심장 근육을 이완하는 약물을 처방한 것이다. 이런 식으로 심장 수축을 완화하고 혈류가 개선되면 환자는 피곤을 덜 느끼게 된다. 다른 하나는 제세동기[5]를 이식하는 수술을 한 것이다. 돌연사를 방지하기 위해서였다.

새뮤얼은 수술을 받고 나서 두 달 뒤에 아내와 노모와 함께 다시 나를 찾아왔다. 그런데 이번에는 전에는 몰랐던 새로운 면모를 발견할 수 있었다. 새뮤얼은 침울하고 근심 어린 표정이었다. 나는 새뮤얼의 아내에게 그가 수술 때문에 이런 상태에 빠진 것인지 아니면 원래 그랬는지 물어보았다.

"남편은 언제나 말이 없고 과묵하기만 해요. 부정적이고 원기가 부족하다고 볼 수도 있겠네요, 선생님. 왜냐하면 새뮤얼은 평소에

---

[5] 제세동기는 불규칙한 심장 박동을 정상화시키기 위해 전기 충격을 가하는 데 쓰는 의료장비다. 즉 제세동기는 심장 박동에 이상이 발생하면 심장에 전기 충격을 가하여 환자를 소생시킨다.

말도 거의 하지 않고, 음식을 먹는 재미도 느끼지 못하는 것 같아요. 독서나 음악 감상도 하지 않고, 연극이나 영화 같은 것도 보지 않아요. 물론 운동도 즐기지 않죠. 실제로 젊었을 때 심장병 진단을 받은 이후로 여태까지 운동다운 운동을 해본 적이 없을 거예요. 잠도 적게 자는 편이에요. 다시 말해, 새뮤얼은 모든 것을 부정적으로 보는 경향이 있어요."

그리고 그의 어머니는 새뮤얼의 아버지에 대해 더 자세한 이야기를 해주며 아버지와 아들의 성격이 비슷하다고 했다. (새뮤얼의 아버지가 잔혹한 나치의 희생자였던 과거를 극복했는지 아니면 우울증을 앓았는지는 알 수 없다.)

나는 새뮤얼이 비후성 심근병증을 앓는 것 외에도 만성적인 우울증을 앓고 있다는 결론에 도달했다. 그리고 심근병증을 치료한 것과 같은 방법으로 우울증도 치료할 수 있으리라 확신했다.

나는 새뮤얼에게 뉴헤이븐에서 믿을 만한 정신과 의사를 찾아보라고 조언했다. 그로부터 며칠 후 새뮤얼을 담당하고 있다는 정신과 의사가 내게 전화를 걸어왔다. 자신이 처방하려는 항우울제와 새뮤얼이 이미 복용하고 있는 심장병 약을 같이 복용해도 괜찮은지 물어보려는 것이었다. 나는 이 정신과 의사에게 약물 치료만 맡아주고 나머지 정신 요법은 내게 맡겨달라고 부탁했다. 새뮤얼은 나를 신뢰하고 있으며 내 조언을 따를 것이라 믿었기 때문이다. 그런 다음 나는 새뮤얼의 행동 기준을 바꿔줄 수 있는 가장 적절한 사람으로 변신했다.

우울증 환자를 치료하는 방법은 환자 각자의 경우에 따라 달라진다. 정신 요법이 필요한 환자도 있고, 약물로 효과를 보는 환자도 있다. 그리고 새뮤얼처럼 약물 치료와 정신 요법이 동시에 이루어져야 하는 환자도 있다. 새뮤얼을 위한 팀에서 나는 조언가의 역할을 맡았으며, 약물 처방은 정신과 의사에게 일임했다.

원래 과묵하고 침울한 사람?

내가 가장 먼저 한 일은 새뮤얼에게 신뢰를 얻는 것이었다. 나는 "당신의 심장병을 내가 관리하고 있으니 이제 마음을 놓아도 괜찮다"고 말하며 그를 안심시켰다. 그 다음에는 그의 감각을 자극하는 일이 급선무였다. 새뮤얼이 건강한 음식을 먹고 음악 콘서트에 가거나 가끔씩 연극을 즐길 수 있도록 해야 했다.

뇌의 전두엽을 심도 있게 연구해온 내 동생에 따르면, 전두엽은 그물처럼 되어 있어서 뇌의 시스템 가운데 하나가 망가지면 나머지도 모두 망가진다고 한다. 그러니 새뮤얼이 우울할 뿐만 아니라 최근에는 기억력도 떨어졌다고 고백한 것은 전혀 놀랍거나 이상한 일이 아니었다. 자극도 없고 운동도 하지 않으면 신경계의 기능은 곤두박질치게 된다. 그러므로 우리의 지각 시스템을 자극하고 여태까지 느끼지 못하고 지나쳤던 감각을 느껴보는 경험은 매우 중요한 일이다.

나는 새뮤얼의 아내를 치료 팀의 중요한 멤버로 끌어들였다. 그녀에게 이 팀의 중요한 멤버로 활동해달라고 요청했다. 여태까지 그녀는 남편을 '원래 과묵하고 침울한 사람'이라고 생각해왔다. 그래서 체념한 채 남편을 대해왔던 것이다. 나는 그녀에게 중요한 과제 하나를 맡겼다. 가끔 연극이나 오페라, 안 되면 영화를 보러 가는 것이 중요하다는 것을 남편에게 설득시키는 일이었다. 그녀는 어렵게 그 일을 해냈다. 두 사람은 마침내 함께 오페라 정기권을 구매했다.

문화적인 면을 해결한 후에는 새뮤얼에게 가벼운 운동을 하도록 권했다. 운동을 하면 신체 상태가 개선되고 활기를 되찾을 수 있으며 자존감도 높아지게 된다. 그와 동시에 뇌도 자극을 받는다. 나는 뉴헤이븐에 있는 물리 치료 센터에 등록할 것을 권유했다. 2개월 후 새뮤얼은 아내와 함께 오페라에 가거나 트레이너와 운동을 하면서 매일 오후 시간을 보내게 되었다.

그뿐만이 아니었다. 약물 치료 역시 몹시 효과적이었다. 새뮤얼은 오페라를 보고 운동을 하는 것과 더불어 약물을 꾸준히 복용한 덕분에 우울증을 극복할 수 있었다. 그는 점차 외향적이고 행복한 사람으로 변모해갔다.

몇 년이 지나, 새뮤얼의 아내가 내게 진료 예약을 했다. 아마도 목적은 다른 사람으로 변신한 남편을 보여주기 위한 것이리라. 이날 새뮤얼은 밝은 얼굴로 이렇게 말했다. "여전히 우울하고 슬픈 날도 있지만, 대체로 삶에 대해 긍정적인 태도를 가지게 되었습니다. 맨해튼에 있는 공연장과 박물관을 다니고, 일주일에 닷새는 운동을 하면서 점점 더 삶에 대한 의욕도 생겼지요. 그리고 이 새로운 에너지는 사업에도 매우 긍정적인 영향을 미치는가 봅니다. 양복점의 실내 디자인을 새로 꾸미고 직원도 고용했거든요. 그 덕에 젊은 고객들도 더 많이 확보할 수 있었습니다."

새뮤얼을 치료하는 동안 정신과 의사와 새뮤얼의 아내 그리고 나는 늘 서로 연락을 취했다. 복잡한 병을 치료할 때는 팀워크가 중요하다. 환자가 여러 전문가의 치료를 받는 것만으로는 충분하지 않다. 이 전문가들이 한 팀이 되어 일을 해야 하며, 정보를 교환하고 서로 돕고 또 같은 방향으로 나아가야 한다. 간혹 한 환자를 치료하는 여러 의사들이 더 많은 권한을 행사하기 위해 서로 경쟁할 때가 있다. 현재의 의료 시스템 역시 이런 협력 체계를 뒷받침해주지 못하고 있다. 의사들에겐 환자와 대화를 나누고, 다른 분야의 의사들과 의견을 공유할 만한 충분한 시간이 없다.

그러나 의료 시스템이 향후에 정말 중요한 질병을 치료할 수 있으려면 이런 문제에 대한 해결책을 찾아야 할 것이다. 특히 심장 혈관 질환과 정신 질환이 바로 그런 질병이다. 서로 다른 분야(심장외과, 정신과, 신경과)의 전문가들이 네트워크를 구성하여 지식을 서로 공유하고, 분야 간 치료를 요구하는 복잡한 질병의 치료에 서로 협력하려고 하는 태도가 가장 필요하다.

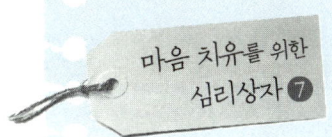

보통의 슬픔과 우울증을 구분하는 법

새뮤얼의 경우는 흥미롭기 그지없는 여러 가지 주제를 끄집어내고 있다. 슬픈 상태와 우울 장애를 구분하는 것, 유아기에 경험한 아버지의 죽음이 가져다준 정서적 결과, 환자를 치료에 적응시키는 게 아니라 환자에게 치료를 맞추는 일의 중요성, 기질의 변화가 정서적 관계의 균형에 미치는 영향 등이다.

누구나 깊은 슬픔에 빠진다

우리가 괴로운 감정에 빠지는 원인은 두 가지 정도로 나눠볼 수 있다. 첫째는 비관적인 성격이나 슬픈 사건 때문이고, 둘째는 질병으로서의 우울증 때문이다.

이 세상을 살아가다보면 누구나 위기를 맞고 고통스러운 상황을 겪게 된다. 그렇지 않은 사람은 아무도 없다. 가령 사랑하는 사람을 잃었을 때 슬픔을 느끼며 무기력한 상태에 빠지는 것이나, 연인과 헤어졌을 때 괴로운 것이나, 갑자기 실직을 당했을 때 스스로에 대해 회의감을 느끼는 것은 지극히 정상적인 반응이다.

이렇게 정상적인 보통의 슬픔과 전문적인 치료가 필요한 주요 우울 장애를 구분하는 것은 매우 중요하다. 병적인 우울증을 보통의 평범한 우울감이라고 생각해서 무시해버리는 것은 위험하다. 돌이킬 수 없는 결과를 낳을 수도 있기 때문이다. 반면에 보통의 슬픈 감정을 병으로 진단한다면 불필요한 진료와 치료를 받아야 할 것이다.

많은 문화권에서 슬픔과 비탄은 다른 사람들의 도움과 동정, 연대감을 필요로 하는 정상적인 감정으로 간주된다. 반면에 특별한 동기도 없이 우울해하고 자신의 고뇌와 좌절감을 표현하는 사람들은 주변 사람들의 이해를 받기 어려우며 오히려 사람들과 멀어지게 된다.

보통의 슬픔은 세 가지 특징을 가지고 있다. 첫째, 고통스러운 상황이나 구체적인 상실 앞에서 나타나는 적절하고 일관성 있는 감정적 반응이라는 점이다. 가령 친밀한 관계가 깨졌거나 갑자기 실직을 당했을 경우에 사람들은 대체로 슬픔을 느끼는데, 이것은 자연스러운 반응이다.

둘째, 보통의 슬픔의 강도는 그 슬픔을 유발한 사건의 지속 기간과 중요성에 비례한다. 이런 특징은 당사자가 상황을 왜곡하거나 과장하는 것이 아니라 상황을 정확히 인식하고 평가한다는 것을 의미한다. 예를 들어 배우자가 불륜을 저질렀다고 믿는다면 깊은 슬픔에 빠질 것이다. 하지만 이런 믿음이 현실적인 근거가 없는 편집증적인 질투심에서 비롯된 광기의 일부라면, 그 비통함은 정상적인 슬픔이 아니게 된다.

마지막으로 보통의 슬픔은 일단 그 슬픔의 원인을 제공한 상황이 종료되었거나 당사자가 슬픔을 극복하면 느슨해지거나 약해지게 된다. 사랑하는 사람의 죽음은 돌이킬 수 없는 상실감을 안겨주지만, 보통은 시간이 지남에 따라 괴로운 감정도 줄어들게 된다. 하지만 그 죽음이 외상外傷에 의한 것이거나 마음이 약한 사람들의 경우에는 내면의 고통이 오랫동안 지속될 수 있으며 우울증으로 발전하기도 한다. 새뮤얼이 바로 이 경우가 아닌가 생각된다.

우울증의 심리학

우울증은 최소한 14일 동안 당사자는 물론이고 주변 사람들까지 느낄 수 있는 명백하고 지속적이며 겉으로 드러나는 증세가 있는 정신적 변화를 동반한다. 주요 우울 장애의 증상에는 깊은 슬픔이나 비통함, 사기 저하와 같은 기분 상태가 포함된다. 우울증에 걸린 사람은 자기를 비하하거나 불필요한 죄책감을 갖거나 삶을 평가 절하하고 자살에 대해 생각하는 등 왜곡된 방식으로 사고하게 된다. 또 행동이 느려지고 활력이 떨어지며 식욕과 성욕이 저하되고 수면 장애를 겪는 등 몸의 기능이 떨어진다.

우울증은 또 일상생활을 통제하는 느낌을 침해하고 변화에 적응하는 능력을 좀먹는다. 우울증에 걸린 사람들은 미래를 불신하며,

아무리 좋은 기회가 주어져도 거절하는 경향이 있다. 또 이들은 사랑하는 사람들과의 관계에서도 즐거움을 느끼지 못한다. 그러다 결국 누구와도 잘 어울리지 못하고 사람들과 멀어지고 만다.

우울증은 직업과 여가 활동을 즐기는 능력마저 파괴한다. 결정적으로 삶에 기쁨을 주는 모든 공간과 만족스러운 순간들까지 무의미하게 만들어버린다.

우울증 환자는 1910년 이후로 꾸준히 증가해왔다. 전문가는 물론이고 주치의와 상담 치료사, 심지어 당사자와 가족과 친구들에 의한 우울증 진단이 날이 갈수록 더 정확해지고 있다는 것이 이런 사실을 뒷받침해준다. 그리고 우울증 환자의 수가 증가한 또 다른 이유는 약 20년 전부터 우울증을 질병으로 인정하기 시작했기 때문이다. 우울증에 대해서 예전처럼 수치스럽게 여기지 않는 사회적 분위기로 바뀌었고, 당사자들 역시 예전보다 열린 마음으로 전문가의 도움을 구하고 있다. 바로 얼마 전까지만 해도 사람들은 누군가 정신과 의사를 찾아갔다는 낌새만으로도 그를 실성한 상태나 개인적인 실패자로 간주해버렸다. 그게 아니면 최소한 마음이 나약한 것으로 해석하곤 했다. 그렇지만 오늘날은 정신과 치료를 받는다고 해서 그 정도로 낙인이 찍히지는 않는다.

최근 들어 효과는 뛰어나면서도 부작용은 거의 없는 항우울제가 출시되어 신속하게 보급된 것도 우울증에 걸린 사람들이 도움을 찾아 나서게 된 요인이다. 항우울제는 뇌에서 세로토닌의 배출을 증가시키는데, 선택적 세로토닌 재흡수 억제제SSRI, Selective Serotonin

Reuptake Inhibitors가 바로 그것이다. 국제적으로 어마어마하게 광고한 덕분에 이 약물은 현재 전 세계에서 3500만 명이 복용한 것으로 알려져 있다.

그럼에도 불구하고 자살은 우울증의 가장 슬픈 결말이다. 세계보건기구에 의하면 전 세계에서 매일 약 2,230명의 사람들이 자살을 하며, 자살을 시도하는 스무 명 가운데 한 명이 성공한다고 한다. 거의 대부분의 문화권에서는 자살을 금기시하기 때문에 이 공식적인 통계치는 문제의 실제적인 규모보다 훨씬 작은 수치일 가능성이 높다.

자살까지 가지 않더라도 우울증에 걸린 사람들은 대체로 식사를 거를 때가 많고 자신을 제대로 돌보지 않으며 사고를 당할 확률도 더 높다. 또 정상인보다 담배를 더 많이 피우고 알코올을 더 많이 섭취하기 때문에 조기에 사망할 가능성도 크다. 실제로 미국에서 우울증을 앓는 사람들의 사망률은 정상인의 두 배에 달한다. 이것은 자살을 뺀 수치다. 또 우울증은 자율신경계와 혈소판 기능에 변화를 일으키기 때문에 그 자체만으로도 심장병을 유발할 수 있다.

고장 난 마음을 들여다보라

오늘날 의학과 심리학은 우울증을 치료하기 위한 매우 효과적인 무기를 갖추고 있다. 최근 15년 동안은 특히 약물 치료 분야에서 많은 발전이 있었다. 일반적으로 세 명의 환자 가운데 두 명 정도는 항우울제에 긍정적인 반응을 보인다. 이들은 항우울제를 복용하면 증상이 완화될 것이다. 반면 전체 환자 중 10퍼센트는 평생 동안 치료를 지속해야 한다.

다른 좋은 소식은 대다수의 환자들이 심리 치료 요법에서 도움을 받고 있다는 사실이다. 심리 치료도 항우울제를 함께 복용했을 때 더 효과적이었다. 특히 대인 정신 요법은 매우 효과적인 치료법으로 알려져 있다. 이 정신 요법은 20회의 치료를 넘기지 않는데, 주로 환자의 자존감과 다른 사람들과의 현재 관계에 집중한다. 또 다른 효과적인 치료 요법은 환자가 세상을 부정적으로 인지하는 왜곡된 시각과 숙명론, 현실적인 근거가 없는 부정적인 생각 등을 바꾸도록 도와주는 것이다. 이런 생각들은 편견이나 경솔한 비판에서 만들어지며 너무나도 부정적이고 빗나간 판단에서 비롯된다.

사실 이런 치료법의 발전보다 더 중요한 것은 가급적 빨리 전조 증세를 발견하여 즉시 치료를 시작하는 것이다. 우울증을 조기에 발견하여 치료한다면 환자들이 고통 받는 시간을 줄일 수 있으며 지금보다 더 많은 생명을 구할 수 있을 것이다.

그러나 아직까지도 우울증 환자의 4분의 1은 치료를 받지 못하는 실정이다. 결국 우울증 환자는 도움을 구하려는 의욕이 없고, 가족들은 우울증이 치료할 수 있는 병이라는 점을 여전히 인식하지 못하고 있다는 뜻이다. 예를 들어 노인들은 '감정의 고갈'이 노년에 흔히 나타나는 현상이라고 생각하고 넘겨버린다. 어린이와 청년들의 경우에는 이들이 우울증에 빠질 수 있는 가능성을 아예 부인 당하거나 '보통의 성장통' 쯤으로 취급받기 쉽다.

일반적인 의사들은 환자가 신체적인 증세를 통해 감정의 고통을 표현할 때, 그것을 심리적인 문제로 인정하지 않을 가능성이 매우 높다. 우울증에 걸린 당사자나 의료진들은 마음이 고장 난 것보다 몸이 고장 난 것에 먼저 접근하기 때문이다. 또한 정신적인 질병이 감당해야 하는 사회적 낙인도 치료를 망설이게 하는 한 요인이다.

아버지에 대한 그리움

내가 경험한 바에 따르면, 자신이 우울증에 걸린 줄도 모른 채 만성 우울증을 겪는 많은 남자들은 '아버지에 대한 그리움'이라는 공통분모를 가지고 있었다. 사춘기에 갑자기 아버지를 잃은 남자들의 경우에 심리적 고통이 점차 만성 우울증 상태로 전환된다. 그러나 겉으로 보기에는 병처럼 보이지 않으며, 성격적 특성과 결합하여 '늘 그랬던 것'으로 비치기 쉽다. 물론 아버지나 어머니의 죽음이 아이들에게 늘 상처가 되며 깊은 슬픔과 혼란, 분노와 방황을 유발하는 것은 당연한 일이다. 새뮤얼의 경우처럼 부모가 비극적인 상황에서 사망한 경우에는 그 충격이 더욱 클 것이다. 이런 사람들은 위협적인 도전으로 가득찬 세상을 그야말로 극복할 수 없는 곳으로만 느낄 수도 있다. 그런데 아들에게 아버지의 죽음은 특히 더 치명적이다. 아버지가 아들에게 전달하는 인정과 애정의 표시는 아들에게 있어 안정감과 정체성 및 자존감의 원천이기 때문이다.

다행히 새뮤얼은 발렌틴의 모든 권유를 순순히 받아들였으며 심지어 생활 방식에도 급격한 변화를 주었다. 무의식적인 내면세계에서 새뮤얼은 발렌틴을 존경스럽고, 합리적이며, 친절한 보호자인 양아버지로 전환시킨 것으로 보인다. 열두 살 때부터 간절히 그려온 아버지의 모습으로 말이다.

발렌틴은 새뮤얼에게 이미 잊혀진 과거의 고통스러운 기억을 떠올리게 하고 분석하게 하지 않았다. 그것이 그에게 그다지 도움이 되지 않는다는 생각이었기 때문이다. 대신 새뮤얼은 다음과 같은 치료를 받았다. 정서적인 도움, 항우울제 복용, 아내와 자녀들과 정서적인 관계를 강화할 수 있는 자극, 건강한 기분 상태를 유지하기 위한 운동, 세상과 사람들에 대해 좀 더 낙관적인 견해를 갖기 위한 부정적인 생각 퇴치하기 등이다.

감정을 긍정적으로 조절하는 방법

발렌틴의 처방이 매우 효과적이었던 이유는 새뮤얼이 즐거운 여가 활동을 확대하고 또 기분 상태와 사고방식을 개선하도록 해주었기 때문이다. 늘 즐거운 상태를 유지하는 사람은 삶을 유리하게 인지할 확률이 아주 높다. 그리고 낙관주의를 조성하기 위해서는 만족감을 주는 원천을 다각화하는 것이 대단히 바람직하다. 다양한 활동을 하는 사람들은 대체로 삶을 더 많이 즐기고 불행에도 더 잘 견딘다. 또 평소에 만족감을 느끼는 사람들은 좋은 일을 예측하는 경향이 있는 반면, 의기소침한 사람들은 불행을 먼저 떠올리고 예측하는 경향이 높다.

이제 우리는 감정이 사고방식과 세상을 바라보는 시각에 있어서 기본적인 역할을 수행한다는 것을 알게 되었다. 감정을 조절하는 뇌의 특정 부위(가령 시상하부와 편도체)는 추론에 관여하는 신경을 자극한다. 긍정적인 생각이나 부정적인 생각은 우리의 감정 상태에 영향을 미친다. 따라서 긍정적인 생각을 자극하면 즐거운 기분 상태에 쉽게 도달할 수 있게 되고 나아가 세상도 긍정적으로 바라보게 된다.

이처럼 우리가 느끼는 것과 생각하는 것이 밀접한 연관관계를 맺고 있다는 사실을 잘 알고 이를 활용한다면 우울한 감정 상태를 점차 극복해나갈 수 있을 것이다. 또한 삶의 예기치 않은 변화들을 긍정적으로 해석하려고 노력할 때, 우리는 얼마든지 감정을 긍정적으로 조절할 수 있게 될 것이다.

새로운 균형점을 찾으려는 노력

새뮤얼의 이야기는 가족 구성원의 긍정적인 변화가 결국 가정 전체의 균형에 좋은 영향을 미친 것을 잘 보여주는 사례다. 새뮤얼의 아내와 어린 두 아들은 치료 초기부터 남편이자 아버지가 더 적극적이고 행복한 사람이 될 수 있도록 두 팔을 걷어붙이고 도와주었지만, 모든 가정이 다 그런 것은 아니다. 우울증을 겪었던 사람이 어느 날부터 즐겁고 활기찬 사람으로 변하면 부부나 가족관계가 균형을 잃는 경우도 많다. 그리고 다른 가족이 그런 변화에 적응하지 못하면 가족관계는 위험에 빠지게 된다.

언젠가 한 50대 여성이 내 진료실을 찾아온 적이 있었다. 그녀는 주부였고 건축가인 남편과 결혼한 지는 20년째였다. 남편은 약간 가부장적이었지만 다정하고 책임감이 강한 사람이었다. 몇 번의 상담을 통해 나는 그녀가 시종일관 엄격하고, 말이 없으며, 약간 우울한 성격이라는 것을 직감했다. 어느 날 그녀의 삶에 대해 묻자, 그녀는 20대에는 명랑하고 사교적인 성격이었는데, 특별한 이유도 없이 점차 현재의 성격을 갖게 되었다고 대답했다. 그녀와 신뢰가 형성되었을 즈음 나는 만성 우울증의 가능성을 떨쳐버리기 위해 항우울제를 복용해보는 것이 어떻겠느냐고 조심스레 제안했다. 그녀는 내 제안을 받아들이고 항우울제를 복용하기 시작했다.

한 달 뒤 그녀는 남편과 함께 다시 나를 찾아왔다. 그녀는 진료실에 들어서자마자 미소 띤 얼굴로 약이 매우 효과적이었다고 말했다. 동네 병원에서 자원봉사자로 일하기 시작하면서 생활이 더 즐거워졌고, 자신이 긍정적이고 밝은 성격으로 바뀌었다고 했다. 그렇지만 그녀의 남편은 몹시 걱정스러운 얼굴이었다. 그는 아내가 달라졌으며, 그 결과 부부관계가 삐걱대고 있다고 털어놓았다. 점점 아내가 자신의 의견을 이야기하기 시작하면서 부부가 자주 다툰다는 것이었다. 게다가 전에 없이 집 밖에서 활동하는 일도 많아졌다며 불평했다. 조용하고 소심하고 의존적인 부인이 집에 있는 것에만 익숙했던 이 사내는 새로운 상황에 적응하지 못하고 있었다.

나는 그의 감정이 가라앉길 기다렸다가, 세 사람이 함께 만나 현재의 상황을 이해하고 새로운 균형점을 찾아보자고 제안했다. 그의 부인이 겪은 긍정적인 변화를 포용하는 균형점 말이다. 다행히도 그는 부부관계를 보호할 의지가 있는 남편이었기 때문에 이 부부는 무사히 위기를 넘기고 새로운 균형점을 찾을 수 있었다.

우리는 살면서 누구나 역경을 겪게 된다. 이런 역경을 극복하는 능력을 건강하게 개발하려면, 살아가는 법을 배워야 한다. 그런데 약물 중독은 이런 학습을 방해한다. 특히 젊은 층의 경우에는 더욱 그렇다. 우리는 살아가는 법을 배우는 과정에서 우리가 행동한 것의 긍정적인 결과와 부정적인 결과를 이해하게 된다. 물론 장기적인 결과와 단기적인 결과를 포함해서 말이다. 어떤 행동은 독이 되어 다시 우리에게 돌아온다. 우리는 지난 과거의 경험에서 교훈을 배우고 스스로를 변화시켜가면서 조금 더 성숙해질 수 있다. 결론적으로 말해, 살아가는 법을 배우려면 우리 행동의 원인과 결과를 이해할 필요가 있다는 뜻이다. 그러려면 맑은 정신과 뚜렷한 동기 및 뛰어난 기억력이 필요하다. 마약 등 약물에 중독되면 이 세 가지 자질이 모두 손상된다.

3부

중독의 늪에 빠진 사람들

여덟 번째 이야기

모든 것이 불만이며 아무것도 하고 싶지 않다

- **이름** 조
- **나이** 23세
- **성별** 남자
- **증상** 목에 맥박이 뛰고 가슴 통증을 호소함
- **특이 사항** 부모님에 대한 적대감

줄리아는 5년 전 선천성 심장 혈관 이상으로 수술을 받은 환자였다. 그런데 정기검진을 받으러 왔다가 두 살 아래인 남동생 조 때문에 걱정이라고 말했다. 동생이 몇 개월 전부터 가슴이 두근거리고, 가슴 통증도 심하다고 털어놓았다는 것이다.

며칠 뒤 조가 어머니와 함께 내 진료실을 찾아왔다. 줄리아와 조는 부유한 가정환경에서 성장했다. 아버지는 뉴욕에 있는 한 은행의 부행장이며 어머니는 뉴욕의 이름 있는 병원에서 자원봉사자로 활동하고 있었다. 처음 만난 조는 '얼떨결에 병원에 왔다'는 인상을 주었다. 더 정확하게 말하자면 그는 억지로 끌려온 것 같았다. 조는 낡은 옷을 입고 머리는 지저분했다. 그리고 내 진료실 의자에 앉으면서 마치 자신의 거실 텔레비전 앞에 앉는 것처럼 벌렁 누워버렸다. 조의 어머니는 병원까지 그를 억지로 끌고 왔을 뿐만 아니라 아들의 건강 상태에 관해 할 말들까지 미리 준비해왔다. 그녀가 혼자 5분 이상 말을 했을 즈음(조는 아직 입도 열지 않고 있었다) 나는 조와 직접 이야기를 나눠보겠다고 말했다.

흥미롭게도 어머니가 진료실을 나가자마자, 조는 말을 꺼냈고 가슴에 극심한 통증이 느껴져서 놀랐다고 털어놓았다. 그리고 그가 누웠을 때는 목울대가 벌렁벌렁 움직이는 것이 눈에 보였다. 나는 가슴의 통증은 아주 흔한 일이며 크게 걱정할 일이 아니라고 설명해주었다. 단지 신경의 자극에 반응하는 것이라고 말이다. 보통 사람들도 그런 통증을 경험한 적이 한 번쯤 있을 것이다. 즉 주먹으로 한 대 얻어맞은 것 같은 통증이 느껴졌다가 몇 초 후엔 사라지는 증상이다.

내 관심을 끈 것은 조와 가족 간의 관계였다. 조는 부모님이 "아무 의미 없는 소비 사회에 중독되어 있다"고 말했다. 공부나 일을 하고 있느냐고 물었더니 그는 "무엇을 하면서 인생을 살아야 할지 생각 중"이라고 대답했다. 그리고 자신의 도움을 정말 필요로 하는 아프리카의 한 나라로 떠날 계획을 세우고 있다고 덧붙였다. 대학은 열아홉 살이던 2학년 때 중퇴했다고 했다. 지난 4년간 무엇을 했는지 묻자, 잠시 생각한 뒤에 이렇게 답했다.

"최근 몇 년 동안 소비 사회의 문제점을 생각해왔어요. 그 결과 '자본주의의 세계에 동참하고 싶지 않다'는 결론에 도달했죠."

잠시 동안의 도피일 뿐

조는 두서없이 말했고, 말을 하면서 몸을 부들부들 떨었다. 놀랍게도 그는 맥박이 120회(조와 비슷한 연령대에는 보통 분당 60~80회가 정상이다)였고 혈압은 130/90mmHg였다. 그리고 눈동자가 심하게 충혈되어 있었다. 심장 검사 결과 심장 혈관 질환을 앓고 있었으며, 혈액 검사 결과 갑상선은 정상이었다.

혹시 마약 같은 것을 사용하고 있느냐고 묻자 그는 이런 종류의 환자에게서 들을 수 있는 가장 전형적인 답변을 주었다.

"사실은 아니에요."

이런 대답은 '친구들에 비하면 먹는 것도 아니지요', '걱정할 만큼의 양을 복용하진 않아요' 혹은 '위험한 마약을 먹지는 않아요'라는 뜻이다. '사실은 아니에요'의 뜻은 언제나 '사실은 맞아요'란 의미다.

결국 그는 "모두가 피우는 것을 나도 피운다"는 말로 결론을 내렸다. 조는 하루에 마리화나(대마의 잎을 말려서 가루로 만든 것) 15개비를 피우며 담배는 한 갑을 피운다고 했다. 그는 담배나 마리화나를 피울 때는 긴장이 풀리고 기분이 좋아진다고 했다. 최근 6년 동안 비슷한 상태로 지낸 듯했다. 늘 잠자리에 들기 전에는 마리화나 2~3개비를 피웠다. 이 약물은 심장 박동을 증대시켰고, 그 결과 베개에 머리를 대면 목의 근육이 움직이는 것이 느껴질 정도였다. 나는 조에게 '불안하고 목표가 없으며 마리화나와 담배에 의존하는 청년'이라는 진단을 내렸다.

조는 착각 속에 빠져 있었다. 자신이 혐오하는 소비 사회에 부모가 적극적으로 참여하고 있다고 비난하면서 정신적으로는 아프리카로 도피하고 있었다. 그러나 냉정하게 말해, 그토록 비난하는 사회의 부담으로 그가 생활하고 있는 것이 현실이었다. 조는 부모의 경제적 도움 없이는 4년 동안 생각을 할 수도 없었을 것이며 마리화나와 담배를 피울 수도 없었을 것이다. 그렇다고 해서 봉사 활동을 위해 아프리카로 떠난 것도 아니고 맨해튼의 아파트에만 틀어박혀 있었다. 또 부조리한 점은 그가 자신의 몸을 진정으로 걱정하고 있으면서도 마리화나와 담배를 피우는 것은 가볍게 여기며 스스로를 파괴하고 있다는 사실이었다. 그는 정신적인 실명 상태에 있었다. 또 조는 정신과 의사가 몇 년 전에 처방해준 우울증 치료제를 불규칙적으로 복용한 적이 있었다.

이런 문제들 외에도 조는 내게 한 가지 의혹을 던져주었다. 그의 행동이 그가 심리적인 문제(가령 우울증이나 주의력 결핍 장애)를 가지고 있기 때문인지, 아니면 청년들을 수동적으로 만들고 있는 사회의 영향인지 분간이 되지 않았다. 그 청년이 다른 역사적 배경에서 태어났다거나, 아니면 아들을 대학에 보내는 것이 단 하나의 희망이고 부유해질 수 있는 유일한 길인 가난한 집안에서 태어났어도 지금과 똑같은 태도를 취했을지 궁금했다. 어쩌면 조가 대학 졸업장이 있건 없건 간에 자신이 모든 것을 누리고 살 수 있다는 것을 알고 있다는 점이 문제의 핵심인지도 몰랐다.

결국 나는 조를 정신과 의사에게 보내기로 결론을 내렸다. 정신과 의사라면 그의 문제를 이해하고, 그가 정신을 집중하고 태도에 변화를 줄 수 있는 처방을 내릴 것이라 생각했다.

가장 효과적인 치료법

3년 뒤, 조의 누나인 줄리아가 정기검진을 받기 위해 다시 나를 찾아왔을 때 조의 상태를 물어보았다. 그녀는 매우 걱정스런 표정으로 조의 상태가 더 나빠졌다고 말해주었다. 하루 종일 담배만 피우고 일도 하지 않는다는 것이다. 다만 달라진 게 있다면 지금은 정신과 의사가 여러 가지 약을 처방해준다는 점뿐이라고 했다.

나는 한 번 더 시도해보기로 마음먹었다. 조에게 전화를 걸어 담배와 마리화나의 해로운 영향을 설명해주었다. 그리고 내 진료실까지 와줄 수 있느냐고 물었다. 그는 예상 밖으로 흔쾌히 오겠다고 했으며 나를 보자마자 이렇게 말했다. "제가 여기 온 이유는 선생님이 아무 이해관계 없이 나를 걱정해준 유일한 분이기 때문이에요." 단 한 통의 전화로 나는 조와 친구가 되었다. 이번에는 조도 내 조언을 귀담아듣고 실천할 준비가 되어 있었다.

나는 조에게 호흡 검사를 제안했다. 조는 10분 동안 러닝머신에서 달리기를 했다. 그리고 나는 조가 뛰기 시작할 때와 마쳤을 때의 혈액 내 산소 수치를 측정했다. 9년 동안 마리화나와 담배를 피웠기 때문에 예상대로 호흡기에 안 좋은 결과가 나왔다. 그의 운동 능력은 50퍼센트 수준으로 감소해 있었다. 스물여섯의 젊은 나이에 이미 호흡기 질병의 문턱에 와 있다는 사실을 통보하자, 조는 몹시 충격을 받은 듯했다. 그러더니 당장 담배를 끊겠다고 했다.

그 후에 줄리아가 또 한 번 나를 찾아온 덕분에 나는 조의 소식을 전해들을 수 있었다. 조는 마침내 자신의 삶을 주도하게 되었고 부모로부터 독립했으며 담배도 완전히 끊은 상태였다. 낮에는 식당에서 일하고 밤에는 대학에 다녔다. "조가 여전히 우울증 치료를 받고 있긴 하지만, 지금은 의사의 조언을 받아들이고 정확하게 약을 복용하고 있어요."

조의 경우처럼, 아무 이해관계 없이 단지 그의 건강 상태를 염려하여 전화 한 통 거는 것이 가장 효과적인 치료법일 때가 있다. 이렇듯 주변 사람에게 관심을 갖고 이런 관심을 표현한다면 그 사람의 가장 긍정적이고 건설적인 부분을 자극하여 결국 문제를 해결하는 데 도움을 줄 수 있을지도 모를 일이다.

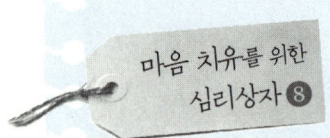

자신에게서 도피하지 않는 연습

조는 스스로를 치유하고 정서적인 공허감을 달래기 위해 마리화나를 피운다고 착각하는 전형적인 청년 가운데 한 사람이었다. 그는 아마도 의기소침하고 우울하고 자기 자신에 대해 무력감과 분노를 느꼈을 것이다. 그는 자신의 부모로 대표되는 사회를 비난하면서 나름대로 이런 감정들을 합리화하고 정리해왔다. 도피하기 위해 마리화나를 피우고, 두려움과 걱정을 회피하기 위해 마리화나를 피운 것이다. 그러면서 혐오감과 비통한 느낌을 일시적으로 잠재웠을 것이다.

흥미로운 것은 발렌틴이 관찰한 내용이다. 그는 환자가 마지못해 찾아왔다고 말했다. 실제로 이런 환자는 아주 많다. 의사로서는 결코 달갑지 않은 상황이다. 가족이 억지로 끌고 온 환자를 검진하고 있는 것이기 때문이다. 그것은 의사를 거부하는 태도다. 조의 경우에는 그의 외모와 몸짓에 그런 태도가 고스란히 반영되어 있었다.

심리적 문제를 가진 환자들과 대화를 나누고 그들의 말을 들어주는 것이 중요하다는 지적은 새겨둘 필요가 있다. 다만 어른들은 청년들과 이야기하는 것을 좋아하지 않고 청년들 역시 어른들과 대화하는 것을 좋아하지 않을 때, 가장 손쉽게 선택하는 것이 약이라는 사실이 두려울 뿐이다. 최근 20년 동안 선진국에서 청년들에게 항우울증 약을 처방한 빈도가 네 배 증가한 것도 바로 이런 이유 때문일지도 모른다.

실제로 많은 정신과 의사들이 정신 요법보다 약 처방을 더 선호했으며, 특정한 행동과 기분 상태를 조절하는 역할을 여러 가지 약에 맡기고 있다. 이런 처방이 고질적인 장애를 앓고 있는 환자들의 고통을 덜어주는 유일한 방법일 때도 분명히 있다. 그럼에도 불구하고 환자를 속속들이 이해하고 환자와 의사소통하고 의사와 환자의 관계를 다지고 활용할 줄 아는 것 또한 치료를 위해 빼놓을 수 없는 부분임을 잊지 말아야 하겠다.

이런 중요성은 조의 사례에서도 잘 드러난다. 발렌틴의 관심은 조에게 깊은 감동을 주었다. 다른 한편으로는 자신의 건강 상태에 관한 나쁜 소식을 접하자, 자신의 삶에 180도 변화를 주어야 한다는 사실을 인정하게 되었다. 그 순간 의사와 환자의 관계는 더욱 밀접해졌다. 공통의 목표를 가지게 되었기 때문이다. 즉 두 사람은 조가 스스로의 몸을 돌보는 것이 중요하다는 사실에 공감한 것이다.

살아가는 법을 배우는 과정

이 젊은 중독자가 가진 가장 심각한 문제 중의 하나는 오랫동안 마리화나와 심한 흡연으로 생긴 간질 증세였다. 우리는 살면서 누구나 역경을 겪게 된다. 이런 역경을 극복하는 능력을 건강하게 개발하려면 살아가는 법을 배워야 한다. 그런데 마약은 이런 학습을 방해한다. 특히 젊은 층의 경우에는 더욱 그렇다. 신경망과 성격이 성숙되어가는 과정에 있기 때문이다.

마리화나와 알코올 및 그 밖의 마약은 단지 그 화학적인 성분만으로도 의식을 차단하고, 감정과 기억을 조절하는 뇌의 연결점을 끊어버린다. 그리고 실제 경험을 허망한 착각으로 느끼게 하며, 감각을 무디게 하고, 판단력을 흐리게 한다. 또 쓸데없는 것과 꼭 필요한 것을 구분하는 능력을 둔감하게 한다. 반면에 쾌락적인 감정 상태에 빠르게 다다르는 경험 때문에 작은 어려움만 있어도 쉽게 도피해버리는 습관에 빠지게 된다.

우리가 사회적으로 또 개인적으로 어떤 존재인지에 관해 청년 시절에 제대로 인지한다면, 다른 사람들과 관계를 맺거나 직업적인 소명을 선택할 때 많은 도움이 된다. 이런 의식은 우리가 가진 가능성에 대한 현실적인 관점을 갖게 해주기 때문이다. 자신의 현재 감정 상태를 의식하고 있는 사람들은 자신이 처한 상황을 평가하고 자신의 행동을 조절하는 일이 어렵게 느껴지지 않는다. 또 자신의 감정과 잘 연결되어 있을수록 타인의 감정도 더 잘 이해할 수 있다.

살아가는 법을 배우는 과정에는 또 다른 목표가 있다. 우리가 행동한 것의 긍정적인 결과와 부정적인 결과를 이해하는 것이다. 물론 장기적인 결과와 단기적인 결과를 포함해서 말이다. 어떤 행동은 독이 되어 다시 우리에게 돌아온다. 우리는 지난 과거의 경험에서 교훈을 배우고 스스로를 변화시켜가면서 조금 더 성숙해질 수 있다. 결론적으로 말해, 살아가는 법을 배우려면 우리 행동의 원인과 결과를 이해할 필요가 있다는 뜻이다. 그러려면 맑은 정신과 뚜렷한 동기 및 뛰어난 기억력이 필요하다. 마약에 중독되면 이 세 가지 자질이 모두 손상된다.

조와 같은 청년은 우리 주변에 얼마든지 있다. 나태하고 무기력하고 절망에 빠진 청년들 말이다. 그렇지만 실제로 이런 청년들은 소수에 불과하다. 많은 청년들이 역경 앞에서 약한 모습을 보이기도 하지만, 다른 한편으론 놀라운 저항력을 보여준다. 대다수는 살면서 부딪히는 역경을 건강하게 극복하고 있다. 오히려 위기에서 기회를 발견하고 성장해가는 청년들도 적지 않다. 행복에 관한 수많은 연구들이 청년 시절에 대한 만족도가 높을수록 행복지수도 높다는 결과를 보여주고 있는 것에는 다 그럴 만한 이유가 있지 않을까.

어떤 사람들은 요즘 젊은이들이 불만만 많고 나태하고 원칙도 없는 집단이라고 주장한다. 그러나 이런 주장을 하는 사람들에게는 덴마크의 오래된 속담을 소개해주고 싶다. "구름이 가리거나 장님이 못 본다고 해서 하늘이 덜 파랗다고 할 수 있는가."

아홉 번째 이야기

"내가 어떻게 여기까지 올라왔는데…."

- **이름** 맥스
- **나이** 29세
- **성별** 남자
- **증상** 가슴이 심하게 두근거리는 증상

　맥스는 29세의 청년으로 월가에서 딜러로 일하고 있었다. 어느 날 아침 일찍 그가 내 진료실을 찾아와 심장 박동이 너무 빠르고 격렬하게 뛴다며 도움을 청했다. 그는 결혼해서 부인도 있었는데, 부인이 쌍둥이를 임신하고 있어 혼자 왔다고 했다. 맥스는 몇 년 전 내 환자였던 한 직장 동료의 권유로 나를 찾아온 참이었다.

　맥스는 큰 증권 회사에 다니며 중요한 직책을 맡고 있었다. 그는 금융시장의 비상선 fire line 에서 일하는 똑똑하고 야심에 찬 청년이었다. 주가 상승과 하락을 좌우하는 일을 했으며, 그의 결정 하나로 많은 회사와 주주들이 엄청난 액수의 돈을 벌거나 잃었다. 하루에 그가 움직이는 돈은 수백만 달러에 달했다. 그리고 그는 서른 살도 안 된 나이에 이미 백만장자였다.

"맨해튼에 아파트 한 채, 플로리다에 주택 한 채, 요트 한 척과 여러 대의 자동차를 소유하고 있죠. 최근에는 또 브루클린 하이츠에 주택 한 채를 구입했어요. 거긴 제가 일하고 있는 금융 구역과 가까운 전원주택 동네죠. 쌍둥이가 태어나면 그곳으로 이사를 갈 생각입니다."

맥스는 자신의 가족사도 들려주었다.

"부모님은 아르헨티나에서 이민을 와서 힘들게 일하며 이민 생활을 시작하셨어요. 아버지는 케이크 전문점에서, 어머니는 맨해튼 시내의 세탁소에서 일했습니다. 우리가 당신들보다 더 나은 삶을 살기를 바라셨죠."

맥스의 부모는 가족의 중요성과 노력하며 사는 것의 중요성을 늘 강조해왔다. 맥스보다 두 살이 더 많은 맥스의 누나는 대학에서 건축을 전공했고, 맥스는 비즈니스의 세계에 매료되어 뉴욕 대학교의 비즈니스 스쿨을 졸업한 다음 금융 회사에 취업했다. 그 후 승진을 거듭하며 보통 사람들은 상상하기 어려운 액수의 돈을 벌고 있었다.

맥스는 특히 이른 아침에 가슴이 심하게 두근거린다고 말했다. 그 때는 그가 한창 일하는 시간이었다. 새벽 4시부터 유럽과 아시아 시장을 주목해야 하기 때문이었다. 이런 시차 때문에 그는 주로 저녁 9시에 잠자리에 들었다가 새벽 3시에 일어났다. 새벽 4시에는 전화와 컴퓨터 화면에 주목해야 했던 것이다. 그 시간이 맥스가 활동을 가장 활발하게 하는 때였고 그가 가장 중요한 거래를 성사시키는 시간이기도 했다. 주식 시장의 전문가들은 이 시간에 거의 모든 주식 거래가 이루어지며, 마치 테니스 경기처럼 가장 신속하고 집중적으로 거래하는 사람이 돈을 벌 수 있다고 입을 모아 말한다. 그래서 맥스도 그 시간에 온 정신을 집중해야 했다.

스트레스가 두근거림의 원인일 수도 있지만, 이런 환자들을 수년간 치료해온 경험을 통해 나는 원인이 다른 곳에 있다는 것을 직감했다. 게다가 맥스의 직장 동료가 나를 추천한 것도 맥스가 유사한 문제를 안고 있다는 것을 암시했다.

"혹시 아침에 눈을 뜨면서 특별히 복용하는 각성제가 있습니까?"

"그건 갑자기 왜 물으시는데요?"

"혹시 커피를 마십니까?"

"에스프레소를 더블 샷으로 마십니다. 제가 어렸을 때 부모님도 똑같이 마셨거든요. 그리고 하루의 피로가 몰려오는 오후 시간에 사무실에서 한 잔 더 마십니다. 다시 일을 시작하려면 어쩔 수 없죠. 그런데 오후에는 아침에 마시는 것과 똑같은 커피를 마셔도 가슴이 두근거리지 않습니다. 신기하죠."

이 시점에서 나는 정말 커피 외에는 달리 복용하는 각성제가 없느냐고 다시 물었다. 그제야 그는 아침에 눈을 뜨자마자 크랙[6]crack(코카인을 정제한 환각제)을 먹는다고 털어놓았다. 주식 시장에서 최대한의 거래가 이루어지는 시간에 초인간적인 강도로 일을 하면서 높은 수익률을 내기 위해서였다. 나는 그에게 '합성 코카인 남용에 의한 가슴 두근거림'이라는 진단을 내렸다.

끝없이 이어지는 긴장 상태

맥스는 크랙을 복용하는 것에 별 의미를 두지 않았다. 실제로 게임의 최전선에서 일하는 월가의 젊은 임원들 간에는 각성제를 복용하는 것이 일상적인 일이라고 했다. 이 분야의 프로들은 주로 일찍 은퇴를 하는 경향이 있는데, 스포츠 스타들처럼 40대가 되기도 전에 이미 백만장자가 되어 은퇴를 한다. 마약에서 살아남는다면 말이다. 이 젊은 환자는 전형적인 그런 부류였다.

맥스는 잠자리에 들기 전에 긴장을 풀기 위해 술을 네 잔 정도 마신다. 그리고 몇 시간 뒤 유럽과 아시아 시장에서 거래를 하기 위해 잠에서 깨면 크랙을 흡입한다. 정상보다 더 많은 에너지를 갖기 위해서다. 밤이 되어도 여전히 마약의 효과가 지속되기 때문에 잠을

---

6 코카인은 쓴맛이 나는 백색 가루로 코카나무의 잎에서 추출한다. 그리고 크랙은 중독성이 매우 높고 천연 코카인보다 가격이 더 저렴한 일종의 합성 코카인이다. 1980년대에 처음 등장했고, 1990년대에 들어 뉴욕에서는 전염병처럼 퍼졌다.

자기 위해서는 더 많은 술을 마셔야 하고, 다음 날 아침이면 하루를 견디기 위해 또 크랙을 흡입하는, 그야말로 악순환의 연속이었다. 그는 주말과 휴가 때도 크랙을 흡입한다고 고백했다. 맥스에겐 전혀 새삼스런 문제가 아니었다. 그는 더 젊은 시절부터 마약과 그 밖의 약물에 의존하여 몸의 활력 상태를 유지하는 데 이미 익숙해져 있었다. 대학에서 공부할 때는 마리화나에 중독되어 있었다. 그는 자신의 일들을 아내에게 알리지 말아달라고 부탁했다. 나는 그의 아내가 그런 상황을 전혀 모르고 있다는 것이 더 놀라웠다.

나는 우선 진료실에 혼자 남아 알렉스의 진료 기록을 다시 훑어보았다. 알렉스는 맥스에게 나를 추천한 맥스의 직장 동료였는데, 내게 치료를 받은 적이 있었다. 두 사람의 사례는 놀랄 만큼 비슷했다. 나를 찾아왔을 때 알렉스는 38세로 역시 월가에서 중요한 임원으로 일하고 있었다. 어느 날 그는 코카인을 복용하고 나서 심근경색으로 쓰러졌다. 그는 곧바로 나를 찾아왔으며 나는 단호하게 말했다. "살고 싶으면 당장 약을 끊어야 합니다."

그는 코카인이 없으면 그의 직업이 요구하는 리듬을 유지할 수 없을 거라고 말했다. 그렇다면 스트레스가 덜한 다른 일을 찾아야 한다고 조언했다. 단 다섯 통의 전화 통화와 몇 번의 외침으로 천문학적인 액수를 벌 수 없더라도 말이다. 그는 내 조언을 받아들였으며 회사 내에서 전보다 한가로운 다른 부서로 자리를 옮겼다.

물론 맥스에게 심장 박동을 완화시키기 위한 약을 처방해줄 수도 있었지만 그것은 근본적인 해결책이 아니었다. 한편으로 그런 종류의 약은 맥스가 크랙에서 원했던 것과 정반대의 효과를 유발한다. 무엇보다도 만약 맥스가 크랙의 복용을 끊지 않는다면, 언젠가는 알렉스처럼 심근경색이 찾아올 것이며 그대로 사망할 수도 있는 일이었다.

야망은 끝이 있다

나는 맥스에게 전화를 걸어 알렉스와 맥스의 부인을 병원으로 초대하자고 제안했다. 함께 대화를 나누는 것이 좋을 것 같았기 때문이다. 먼저 맥스와 그의 부인과 이야기를 나누었다. 아내에게 자신의 문제를 알려도 좋다고 맥스가 승낙했던 것이다.

대화는 너무나도 유익했다. 맥스의 아내는 이제야 마음의 짐을 덜었다고 했다. 그동안 그녀 역시 뭔가 이상하다고 직감하고 있었는데 비로소 진실을 알고 나니 오히려 마음이 놓인다고 했다.

이제 문제를 해결할 수 있는 실마리는 그녀에게 있었다. 맥스의 아내는 돈은 중요하지 않으며 곧 쌍둥이가 태어난다는 사실을 남편에게 상기시켰다.

"당신이 정말 원하는 게 뭐예요? 지금 같은 상황이 계속된다면, 당신은 아기들 얼굴을 영영 못 볼 수도 있다고요."

맥스 부부와 대화를 나눈 후, 알렉스가 진료실로 들어와 코카인 때문에 목숨을 잃을 뻔했던 자신의 이야기를 맥스에게 들려주었다. 다행히도 맥스는 그 말을 귀담아들었다. 그리고 처음으로 자신의 상황이 심각하다는 것을 이해하게 되었다고 했다.

이미 맥스의 아내가 곧 태어날 아기들과 미래 이야기를 꺼냈을 때 맥스는 눈이 번쩍 떠졌다. 그리고 알렉스가 자신의 경험을 이야기했을 때에도 마찬가지였다. 훌륭한 조합이 아닐 수 없었다.

얼마 후 맥스는 크랙을 완전히 끊었으며, 회사 내에서는 스트레스가 덜한 곳으로 부서를 옮겼다. 알렉스가 그랬던 것처럼 맥스 역시 강력한 각성제의 도움 없이 그 일이 요구하는 집중력과 활력을 유지할 수 없다고 판단을 내린 것이다.

맥스와 알렉스의 경험은 극소수만의 일이 아니다. 증권가에서 일하다가 나를 찾아온 수많은 젊은이들의 진료 기록을 쌓으면 사무실 하나를 가득 채우고도 남을 것이다. 야망은 끝이 있다. 그러나 행복은 한계가 없다. 우리는 후자에 배팅해야 한다.

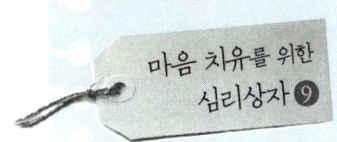

성공보다 소중한 것

맥스의 사례는 상습적으로 각성제를 복용하는 사람들의 특징을 뚜렷하게 보여주고 있다. 바로 인간의 한계를 뛰어넘으려는 야심만만함이다. 각성제를 복용하면 뛰어난 집중력을 발휘할 수 있으며 평소보다 높은 강도로 일할 수는 있다. 맥스가 몇 초 만에 사람들을 부자로 만들어줄 수도 있고 파산하게 할 수도 있는, 그리하여 동시에 자신이 승진할 수도 있고 침몰할 수도 있는 의사결정을 내리기 위해 크랙을 복용했던 것은 어쩌면 어쩔 수 없는 선택이었을 것이다.

조작된 능력은 결국 파괴된다

우리가 살고 있는 현대 사회는 터무니없는 목표를 지금 당장 달성해야 한다는 강박관념을 조장한다. 또 경제력이나 직업적 성공을 추구하고자 하는 욕망을 미끼 삼아 잔혹한 경쟁을 유도하는 면이 없지 않다. 그 속에서 고통을 느낄 때도 많겠지만 사실 삶이 언제나 끝없는 행복감과 도취감의 교차로가 될 수는 없다. 잠깐 동안의 고통을 줄이기 위해 마약에 손을 대는 것은 어리석은 선택이 아닐 수 없다. 마약은 결국 인간의 자제력을 파괴하고, 현실을 왜곡하여 인식하게 만들며, 이성을 좀먹기 때문이다.

크랙 복용자는 약의 효과를 상쇄시키기 위해 다른 약물을 남용하는 경향이 있다. 맥스는 코카인이 주는 강력한 흥분 상태를 알코올로 가라앉혔다. 일반적으로 마약 복용자들은 처음에는 마약만 복용하는 것으로 시작하지만, 시간이 지나면서 그 효과를 조절하고 균형을 유지하기 위해 다른 약물을 같이 소비하게 된다. 실제로 내가 아는 사람들 중에도 마약에만 중독된 사람은 거의 없다.

마약에 중독된 사람들은 마약의 복용으로 도달하는 감정 상태에 자연적인 방법으로는 도달할 수 없다고 생각한다. 그런데 4~5년가량이나 코카인을 복용하면 기쁜 감정을 조절하는 뇌의 영역이 손상되어 아예 기쁨을 느낄 수 없게 된다. 기쁜 상태를 유지하기 위해 코카인을 복용한 사람이 결국은 어떤 종류의 기쁨도 느낄 수 없게 된다는 것이 참으로 역설적이다.

죽음에 이르는 늪

의사와 환자 간의 비밀은 신성한 것이다. 환자들은 의사가 자신의 문제를 다른 사람에게 절대 누설하지 않으며 설사 누가 물어보더라도 그에 대해 얘기하지 않을 것이라고 생각한다. 그러나 이런 황금률도 마약 중독의 경우에는 조금 달라진다.

실제로 조력자나 가족의 적극적인 도움만 있다면 얼마든지 환자를 마약 중독에서 구제할 수 있다. 맥스의 경우에는 그의 아내와 직장 동료의 개입이 결정적 역할을 했다.

발렌틴이 맥스의 아내에게 정확한 상황을 들려주었을 때, 그녀는 마침내 직감으로만 느끼고 있던 현실을 이해하게 되었으며 자신이 가지고 있던 무기로 남편을 도와주었다. 그 무기란 다름 아닌 남편에 대한 사랑과 곧 태어날 아기들이었다. 어쩌면 가족의 의미가 덜 소중한 다른 문화권이나 환경에서는 그 같은 무기가 통하지 않았을지도 모른다. 다행히 맥스에겐 가족이 최우선 순위였다. 그에겐 쌍둥이들이 소중했으며, 아기들을 영영 못 볼지도 모른다는 두려움이 그의 마음을 움직였다.

직장 동료였던 알렉스 역시 강력한 무기가 있었다. "자네가 방향을 틀지 않으면, 내가 겪은 일을 자네도 똑같이 겪게 될 걸세." 단순히 가슴이 두근거리는 증상 때문에 병원을 찾은 맥스에게 알렉스는 목숨이 위험해질 수도 있다는 메시지를 전해주었다. 자신도 똑같은 일을 겪었기 때문에 알렉스의 경고는 더욱 힘이 있었다. 그리고 다행히도 맥스는 제때에 멈추는 법을 알고 있었다.

열 번째 이야기

죽음보다 더 깊은 고통을 잊기 위해

- **이름** 루나
- **나이** 35세
- **성별** 여자
- **증상** 가슴의 통증을 호소함

    어느 금요일 밤 우리 병원의 응급실 의사에게서 전화가 왔다. 35세의 낭창 환자가 가슴의 통증을 호소하고 있다는 것이다. 젊은 여자 환자인 루나는 5년 전에 심근경색을 앓은 적이 있는데 그때 어머니와 함께 내 진료실을 찾아왔었다. 응급실의 당직 의사는 그녀에게 두 번째 심근경색이 찾아온 줄 알고 놀라서 전화를 한 것이었다.
    전신 홍반성 낭창은 만성적인 면역계 질환으로 정확한 원인은 모르지만 심장과 관상동맥을 비롯한 많은 장기에 영향을 미칠 수 있는 병이다. 심장에서는 혈액의 과다 응고가 발생할 수 있다. 즉 혈액이 굳어지는 현상이 나타날 수 있다. 또 간과 신장과 신경계, 발과 관절에도 영향을 줄 수 있다. 이 병에 걸리면 면역계가 세포와 몸의 조직을 공격하여 쉴 새 없이 염증을 일으키며 이런 증세는 한 달 정도 지속된다. 치료제로는 주로 코르티코스테로이드corticosteroid와 면역억제제immunosuppressive drugs가 사용된다. 코르티코스테로이드는 항염증 약제이고, 면역억제제는 면역계의 자연스러운 면역 반응을 감소시키는 역할을 한다.

루나는 몇 년 전 심근경색이 왔을 때 딱 한 번 내게 진료를 받은 적이 있을 뿐이었다. 진료 기록을 보니, 당시 루나는 미혼에 서른 살이었으며 어머니와 네 자매와 함께 브롱크스에 살고 있었다. 어머니는 청소부였고, 루나는 장녀였으며 안정적인 일을 가져본 적이 없었다.

나는 루나를 검사한 다음 심근경색을 앓는 환자들에게 주로 처방하는 세 가지 약을 처방해주었다. 스타틴(고지혈 치료제)과 아스피린, 앤지오텐신 전환효소 억제제ACE inhibitor[7]이다. 나는 그녀가 앓고 있던 만성 질병인 낭창은 안정적인 단계였지만 염증이 나타날 경우에는 즉시 전화를 하라고 당부했다. 낭창은 주로 피로감을 느끼고 열이 오르는 증세가 많다. 이와 함께 건강에 이상이 없을 경우에도 몇

---

[7] 앤지오텐신 전환효소는 혈관을 좁게 만들어 산소를 포함한 혈액이 심장에 도달하는 것을 어렵게 한다. 앤지오텐신 전환효소 억제제는 이 효소의 활동을 차단하고 혈관을 확장하고 혈압을 떨어뜨림으로써 산소가 풍부한 혈액이 심장에 잘 공급될 수 있게 해준다.

달에 한 번씩 정기적으로 검사를 받는 것이 중요하다고 알려주었다.

그러나 응급실 의사가 전화를 걸기 전까지는 그녀에 대한 소식을 들을 수 없었다. 나는 심전도와 몇 가지 검사 결과를 보기 위해 새벽에 응급실로 달려갔다. 그런데 무언가가 맞아떨어지지 않았다. 루나는 가슴 통증이 극심하다고 호소했지만 검사 결과는 심근경색이 아닌 쪽을 가리키고 있었다. 통증이 몸에서 비롯된 증세라는 것을 가리키는 근거는 아무것도 없었다.

나는 루나가 밤을 보낸 병실로 찾아갔다. 그리고 여러 가지 질문을 했다. 어머니는 어디에 있는지도 물어보았다. 그녀는 어머니와 연락을 하지 않은 지 오래됐다고 대답했다. 현재 루나는 브롱크스에서 친구와 같이 아파트를 빌려 쓰고 있으며 가족과는 연락을 하지 않고 지낸다고 했다. 최근에 다른 병원을 찾아간 적이 있느냐고 물었을 때 그녀는 일주일 전에도 가슴에 통증이 느껴져서 코넬 대학교 병원의 응급실에 갔었다고 대답했다. 나는 코넬에 전화를 걸어 마음에 걸리는 점들을 물어보았다.

"아, 네. 루나라는 환자는 사흘 동안 입원해 있었죠. 관상동맥 상태를 확인하기 위해 혈관 조영 촬영을 했네요. 그리고 심각한 증세가 아니라는 것을 확인하고 나서 퇴원을 시켰습니다만."

나는 코넬 대학교 병원의 담당 의사에게 단도직입적으로 물었다.

"혹시 그녀가 호소하는 통증을 진정시키기 위해 모르핀을 주사했습니까?"

"네, 모르핀을 주사했다고 기록되어 있네요. 환자가 모르핀이 아니면 통증이 가라앉지 않는다고 주장했기 때문이군요."

그것이 바로 열쇠였다. 루나는 낭창을 앓았으며 몇 년 전에는 심근경색이 찾아왔었다. 그러나 그녀의 가장 큰 문제는 다른 것이었다. 루나는 모르핀에 중독되어 있었던 것이다.

중독의 고리를 끊어내다

나는 곧장 본론으로 들어가기로 마음먹었다.

"최근 몇 달 동안 응급실을 찾아가서 가슴 통증을 호소하며 모르핀을 맞게 해달라고 했죠? 몇 번이나 그랬습니까?"

"한두 번……."

그녀는 애매하게 대답했다. 결국 나는 그녀가 갔었던 모든 병원에 연락을 취하기로 했다.

지난 5주 동안 루나가 뉴욕에 있는 병원 여섯 군데를 찾아갔었다는 사실을 확인하는 것은 그다지 어렵지 않았다. 나는 그녀가 낭창을 빌미로 의사들의 관심을 끌었다는 결론에 도달했다. 그녀는 심근경색을 앓았던 적이 있는 낭창 환자로서 병원을 찾아갔고, 의사들은 하나같이 새로운 심근경색의 가능성에 혼비백산하여 혈관 조영 촬영을 했다. 또 통증을 가라앉히기 위해 모르핀을 주사했다. 기초 자료에만 의존하는 응급실의 의료진들은 그녀가 진짜 원하는 것이 실은 모르핀이라는 사실을 상상조차 못했던 것이다.

그렇다면 루나 같은 환자에겐 어떻게 대처해야 할까? 퇴원 명령을 내린다면 그녀는 또다시 응급실의 시스템을 악용할 것이니 말이다. 그래서 나는 그녀를 입원시키고 우리 팀의 의사들에게 그녀의 어머니와 여동생들을 찾아보라고 부탁했다.

며칠 지나지 않아 마침내 한 자매와 연락이 닿았다. 그녀는 루나와는 이미 5년 전에 연락이 끊어졌다며 루나는 모르핀에 중독된 게 맞다고 확인해주었다. 그녀는 루나를 몹시 걱정하고 있었고, 도움을 줄 수 있는 또 다른 자매에게도 자신이 연락을 취하겠다고 했다.

바로 그날 루나의 여동생들이 모두 모였다. 그리고 그 다음 날 아침 일찍 병원을 찾아오기로 결정했다. 루나는 가족들이 찾아온다는 소식을 듣자마자 퇴원을 신청했다. 그녀는 의사들의 반대에도 불구하고 본인이 스스로 퇴원하겠다는 의지를 밝히는 서류에 서명한 다음, 모르핀 중독 증세 때문에 여전히 성치 않은 몸을 이끌고 서둘러 병원을 떠났다.

이대로 모든 것이 끝날 수도 있었다. 그녀가 병실을 나서는 모습을 본 나는 걱정이 안 될 수가 없었다. '어떻게 해야 할까?' 다행히도 그리 오래 지나지 않아 그 대답을 찾을 수 있었다.

우리 병원을 빠져나간 그녀는 몇 시간 뒤 컬럼비아 대학병원 응급실을 찾아갔다. 여느 때와 마찬가지로 소견서를 이용했다. 몇 년 전 심장병을 앓았던 낭창 환자로 가슴에 극심한 통증이 있으며, 오직 모르핀으로만 통증이 가라앉는다는 내용의 소견서 말이다. 그리고 자신이 원하는 것을 얻었다. 의사들은 혈관 조영 촬영을 하고 모르핀을 진통제로 처방했다.

컬럼비아 대학병원에서 퇴원 명령이 떨어지기가 무섭게 루나는 다른 병원을 찾아갔다. 바로 브롱크스에 있는 링컨 병원이었다. 여기서 그녀는 실수를 저지르고 말았다. 우리 병원을 떠나면서 자신이 서명한 퇴원 서류를 실수로 소견서와 바꾸어 제출한 것이다. 아마도 내용은 읽어보지도 않고 단순한 검사 기록이거나 낭창 진단서쯤일 거라고 생각했던 것 같다. 그러나 서류에는 그녀가 모르핀 중독자이며 의사들의 반대에도 불구하고 퇴원했다고 적혀 있었다. 링컨 병원의 의사는 그 기록을 읽자마자 내게 전화를 걸었다.

마침내 우리는 그녀를 붙잡아둘 수 있었고 가족과 재회하게 해주었다. 그리고 루나는 가족의 도움으로 뉴욕 벨뷰 병원의 중독 치료 재활원에 입원했다.

병은 삶에 대한 관점을 바꾸어준다

병을 앓고 있던 루나의 처참한 모험은 조와 맥스의 중독 증세와는 달리 두 가지 문제점을 생각하게 한다. 하나는 우리가 앓고 있는 질병에 부여하는 의미와 습관이고, 또 하나는 환자의 고통에 대한 의사의 반응이다.

거짓말을 하는 이유

모든 질병은 그 질병에 걸린 희생자의 성격과 사회문화적 가치를 반영하는 상징이라 할 수 있다. 가령 수술로 인한 흉터와 칼에 찔린 흉터는 비록 겉모습은 똑같아 보여도 우리가 부여하는 의미는 전혀 다르다. 마찬가지로 우리 모두는 성격과 상황, 과거의 경험, 지식 및 종교에 따라서 모든 질병에 반응하는 방식이 서로 다르다.

간혹 일부러 환자로 보이기 위해 몸이나 마음에 병이 든 것처럼 행동하는 사람들이 있다. 이런 '가짜 환자'들은 의료 서비스의 수요를 인위적으로 증대시킬 뿐만 아니라 본인은 물론이고 가족과 사랑하는 사람들, 그리고 그들을 치료하는 의사들에게 많은 스트레스를 준다. 그러나 루나의 경우는 이들과 다르게 봐야 한다. 비록 의도적으로 가장하긴 했지만 어쨌든 그 이유는 가짜 환자가 되기 위해서가 아니라 모르핀과 같은 진정제를 얻기 위해서였으니 말이다.

오히려 루나는 병에 집착하고 또 그 병을 이용해 혜택을 누리거나 다른 인간관계와 직장 문제 혹은 경제적인 문제를 회피하기 위한 핑계거리로 삼는 환자 집단에 속한다. 이런 집단을 의사들은 '이차 이득을 노리는 환자'라고 부른다. 루나는 낭창과 예전에 앓았던 심근경색을 이용하여 모르핀을 맞으며 혹독한 금단 증세를 피해왔다. 그녀는 마약을 얻기 위해 의사들의 관심을 사고, 일부러 증세를 가장하거나 정도를 부풀리면서 이 병원, 저 병원을 전전했던 것이다.

병을 어떻게 받아들일 것인가?

환자들은 자신의 병에 각자 다른 의미를 부여한다. 먼저 병에 정면으로 맞서서 이겨내려고 하는 사람들도 의외로 많다. 이들은 병을 극복해야 하는 일종의 도전 과제로 받아들인다. 이런 사람들은 도전에 성공하기 위해 단호하게 반응하며 체계적이고 논리적인 태도를 보인다. 또 자신이 앓고 있는 병의 원인을 알고 싶어 하고 의사와 협력하여 의사의 지침을 충실히 이행한다.

그런가 하면 병은 잔인한 공격이며 사악한 적이기 때문에 유일한 선택은 싸우는 것뿐이라고 생각하는 사람들도 있다. 이런 환자들을 움직이는 것은 '분노'다. 이들은 이따금 인내심과 이성을 잃고 자신을 돕고 있는 의사들에게 적개심을 표출하기도 한다.

환자들 중에는 자신의 병을 신이나 자연의 징벌이라고 느끼는 사람들도 있다. 이 징벌이 부당하다고 생각하는 사람들은 병을 적의 공격이라고 여기는 사람들과 비슷한 반응을 보인다. 그래서 의사에게 적개심과 불신을 드러낼 때가 많다. 그러나 벌을 받는 것이 마땅하다고 여기는 사람들은 죄책감과 체념으로 반응하곤 한다. 이런 환자들에게 고통은 자신의 실수와 무절제한 행동에 대한 값을 치르고 속죄하는 방식이다. 즉, 병이 더 나은 새로운 삶을 시작하는 데 필요한 괴로운 조건인 셈이다.

이런 속죄자들과 비슷한 유형의 사람들이 있다. 다름 아닌 질병을 자신의 허약함이나 결점의 결과, 즉 부정적인 의미로 해석하는 사람들이다. 이렇게 생각하는 사람들은 고립감과 수치심을 느끼는 것으로 반응한다. 그래서 병을 부인하거나 병에 걸리지 않은 척한다. 특히 비관적인 사람들 중에는 고통은 결코 극복할 수 없다고 생각하는 사람들도 있다. 이런 파괴적인 태도는 무력감과 좌절감으로 바뀔 수 있으며, 극단적인 경우 자살로 이어지기도 한다.

그런가 하면 병 때문에 자신의 이미지가 손상된다고 겁내는 사람들도 있다. 이들은 의사를 찾아가기를 거부하다 결국 건강을 더 악화시킨다. 또 경제적인 여유가 있는 사람들 중에 병을 몰래 치료하는 사람들도 있다. 가령 뉴욕에까지 와서 심장병이나 우울증 전문의를 찾는 유럽인과 중남미 사람들이 적지 않다. 그들이 그렇게 하는 이유는 뉴욕에서 치료받는 것이 더 효율적이기 때문이 아니라 자신의 사회적 명성에 해로운 영향을 미치지 않도록 하기 위해서다.

정신 장애의 세계로 가면 타인의 시선을 의식하는 경향은 특히 더 두드러진다. 실제로 이런 병의 치료를 가로막는 가장 높은 장벽은 당사자들이 다른 사람들의 시선에 대해 갖는 두려움이다. 빨리 치료를 받으면 얼마든지 고통스러운 시간을 단축할 수 있는 정신 장애를 앓고 있는 환자들이 "내가 허약한 사람이라는 것을 소문내고 싶지 않습니다"라고 말하는 것을 흔히 볼 수 있을 것이다.

그런가 하면 정반대로 병을 소중한 경험으로 여기는 사람들도 있었다. 이들은 병에 걸렸을 때가 영성을 채우고, 내면세계를 확장하며, 성격을 개선하거나 창의력을 표현할 수 있는 기회라고 생각한다. 실제로 병이나 장애 덕분에 오히려 더 높은 목표를 달성한 역사적 인물들도 얼마든지 있다. 예를 들어 맹인이었던 바흐는 파이프오르간 합창곡을 작곡할 때 다른 사람에게 받아쓰게 하여 곡을 완성했고, 베토벤은 귀머거리에다 환자가 된 후에도 현악 사중주를 작곡했다. 또 천식 환자였던 프루스트는 죽기 전에 자신의 기념비적인 소설을 끝내기 위해 쉬지 않고 글을 썼다. 맹인에 농아였던 헬렌 켈러 역시 다른 사람에게 받아쓰게 하며 감동적인 수필의 저자가 되었다.

실제로 이런 천재들의 창의력이 병에 의해 영감을 받은 것인지 아니면 병과 상관없이 발현된 것인지는 확실히 알 수 없다. 그러나 분명한 것은 많은 사람들에게 병을 앓은 경험은 감정을 심화시키고, 활기를 불어넣으며, 삶에 대한 관점을 바꿔준다는 사실이다.

고통은 주관적이다

언젠가 뉴욕의 대다수 병원에서 환자들을 대상으로 만족도를 평가하는 설문조사를 실시한 적이 있다. 조사 결과 환자들은 의사와 간호사들의 무관심과 비효율성에 대해 가장 크게 불만을 느끼고 있었다. 이 결과는 곧 환자들이 의사가 환자의 아픔을 가라앉히려는 노력을 적극적으로 하지 않는다고 느낀다는 뜻이었다.

우리 모두는 살아가면서 한 번쯤 행복을 깨뜨리는 혹독한 불행에 직면하게 된다. 그중에서도 가장 공통적으로 겪는 것은 바로 '통증'이다. 통증은 결코 행복과 양립할 수 없는 아픔이자 누구나 공통적으로 겪게 되는 증세다. 통증이 전혀 없는 사람은 상상하기 어렵기 때문이다. 실제로 통증이 있기 때문에 우리는 아주 어렸을 때부터 환경이 주는 위험을 의식하게 되며 우리 몸의 손상에도 관심을 쏟게 된다. 그러나 통증은 우리를 배반하기도 한다. 위험을 미리 알려주는 반면 또 우리의 삶을 피폐하게 만들기도 하기 때문이다.

설사 오늘날 의학이 진통 효과가 아주 뛰어난 약을 개발한다고 해도, 기쁨과 희망을 좀먹으며 치료 자체도 불가능한 통증은 여전히 사라지지 않을 것이다. 이런 만성적이고 극심한 통증은 가장 기본적인 활동을 통제하는 능력을 앗아가고, 다른 사람들과 관계를 유지할 수 있는 가능성을 파괴하곤 한다. 어쩌면 만성적인 통증에 시달리는 사람들에게는 죽음보다 이런 고통이 더 큰 공포일 수도 있다.

일반적으로 의사들은 환자의 통증을 완화시키는 처치를 쉽게 허락하지 않는다. 이런 현상은 대부분의 의사들이 환자의 감정이나 주관적인 경험을 올바로 평가하지 않는 분위기가 만연해 있는 데서 비롯된다. 고통이 주관적이라는 사실을 염두에 둔다면 이 문제는 더욱 복잡해진다. 어떤 사람에게는 참을 만한 고통이 누군가에게는 죽는 것보다 더 괴로운 고통이 되기도 한다.

실제로 2008년에 벨뷰 병원에서 환자들을 대상으로 '통증을 완화하기 위해 받고 있는 치료의 효능'에 관해 설문조사를 실시한 적이 있었다. 이 설문조사에 참여한 130명의 환자들 가운데 35명은 치료가 적절하지 않다고 불평을 했다. 그런 다음 병원 측은 그들을 치료한 의사들에게 의견을 들어보았다. 진통제를 적게 사용하는 의사들에 의하면 불만족을 표시한 환자들 중 12명은 마약 중독자이거나 마약을 남용하고 있다고 했다. 그러나 이런 환자들의 병력을 분석한 결과, 놀랍게도 12명 가운데 단 한 명만이 마약에 손을 대고 있었다.

그러나 루나의 경우에서는 통증이 원인이 아니라, 모르핀 중독이 고통을 호소하는 이유였다. 다행히 인내심 있게 환자를 대하고 가족을 끌어들인 덕분에 루나의 가족 모두는 캄캄한 터널의 끝에서 빛을 볼 수 있었다. 특히 루나에게는 자신이 위태로운 상태에 있으며 재활원에 입원하는 것이 시급하다는 사실을 받아들이게 되는 중요한 계기가 되었다.

역경에 처한 사람에게 가장 큰 도움을 주는 것은 다름 아닌 이해심과 정서적 도움, 그리고 자극이다. 이런 도움들이 우리가 자신을 되찾고 우리의 배를 이끌어갈 수 있는 능력을 회복시켜준다. 실제로 홀로코스트에서 살아남은 생존자들에 관한 연구들을 보면 무조건적인 정서적 도움을 주는 단 한 사람이 극복의 열쇠였다는 것을 잘 알 수 있다. 다른 사람들과의 정서적인 관계는 힘들고 어려운 순간에 든든한 구명조끼로 변신하기도 한다.

4부

마음을 지배하는 관계의 문제

열한 번째 이야기

대화를 하지 않는 것이 문제다

- **이름** 테레사
- **나이** 33세
- **성별** 여자
- **증상** 출산 후 심근증
- **특이 사항** 생명의 위험에도 불구하고 임신을 원하고 있음

테레사는 남편과 함께 내 진료실을 찾아왔다. 그 부부는 세 살짜리 아들을 두었고 그 아들에게 동생을 만들어줄 계획을 잡고 있었다. 그리고 그에 앞서 심장병 전문의의 의견을 듣고 싶어 했다. 테레사가 첫째 아이를 출산하고 나서 심장병 진단을 받았기 때문이다.

테레사는 식료품 회사에서 중요한 직책을 맡고 있었다. 그녀의 남편은 출판사 편집인으로 뉴욕에서 출판사를 경영하는 장인과 함께

일하고 있었다. 결혼한 후에 장인의 출판사에 들어간 것이 아니라 이미 그 출판사의 편집인으로 일하고 있을 때 테레사를 만나 결혼한 것이었다. 테레사의 어머니는 가톨릭 사립학교를 운영하고 있었고 그 영향으로 테레사도 신앙심이 깊었다. 하지만 남편은 가톨릭 신자가 아니었으며 비교적 사고가 자유로운 편이었다.

테레사는 첫 출산 후 4주 만에 '출산 후 심근증'이라는 진단을 받았다. 이 병은 심장 근육 질환으로, 임신 후기 혹은 출산 후에 나타나며 심장 수축이 감소하는 병이다. 아들을 출산하고 난 뒤 테레사는 가슴에 피로감이 느껴지기 시작했다. 당시 테레사를 진료한 의사는 심장 질환에 관련된 검사를 한 끝에 심장 수축이 감소되었다고 진단했다.

출산 후 심근증은 앞서 말한 것처럼 임신 후기나 출산 후 처음 몇 주일 동안 나타나는 병이다. 원인은 아직 분명하지 않다. 이 병의 문제는 만약 1년이 지나도 심장이 정상으로 돌아오지 않으면, 다시 임신했을 경우에 매우 위험할 수 있다는 점이다(심장이 정상으로 돌아와도 다른 복잡한 증세가 나타날 위험이 있다). 심근증이 더 심해지거나 환자가 사망할 가능성은 약 25~59% 사이다. 이 병을 앓는 환자들 중에는 평생 큰일 없이 살아가는 사람도 있지만, 증세가 갑자기 악화되어 심장을 이식해야 하는 경우도 있다. 따라서 현재로서는 환자가 회복될지 악화될지에 관해서는 정확한 예측이 불가능한 상태다. 다만 확실히 말할 수 있는 것은 두 번째 임신은 무모한 행동이라는 점이었다. 위험 부담이 너무 크기 때문이다.

다시 테레사를 검사한 결과, 그녀는 3년 전 심근증을 진단받았을 때보다 심장의 상태가 많이 호전되어 있었다. 그래도 그녀가 새로 아기를 가진다면 많은 위험을 감수해야 한다고 설명했다. 세 살짜리 아들을 둔 서른세 살의 젊은 여자가 두 번째 임신 때문에 자신의 건강을 해치고, 운이 나쁜 경우 사망할 수도 있는 위험한 상황을 그냥 두고 볼 수만은 없었다. 어찌 보면 그건 자살 행위나 다름없었다.

그런데도 그녀는 어떤 대가를 치르더라도 다시 아기를 갖고 싶다고 했다. 대가족의 환경에서 성장하여 자신도 그런 가정을 일구고 싶다는 것이었다. 그녀의 남편은 어쩔 수 없이 조건부 승낙을 했다. 그 조건이란 임신 중에 건강이 악화되면 강제 유산을 해야 한다는 것이었다. 그렇지만 테레사는 그런 일은 절대 할 수 없다고 했다. 그녀의 신앙이 낙태를 용납하지 않기 때문이었다.

의사들 중에는 낙태에 관해서 시민으로서의 보편적 의견을 가지고 있는 사람들도 있고, 또 전문의로서의 의견을 가지고 있는 사람들도 있다. 나는 부정적인 입장을 가지고 있다. 단 극단적인 상황에서는 예외이다. 테레사의 경우에는 그녀의 건강과 생존에 관해서 내가 책임을 지고 있는 만큼 의사로서 두 번째 임신을 용납할 수 없었다. 결국 나는 이렇게 선언했다. "계속 아기를 갖겠다고 우긴다면 담당 의사를 바꿔야 할 겁니다."

나의 경고에 테레사 부부는 언쟁을 시작했고, 급기야 나는 중재에 나서야 했다. 그리고 이 부부가 의사소통이 원활하지 않다는 결론에 도달했다. 사는 데 가장 기본적인 문제인 윤리적인 문제를 가족과 이야기해본 적이 없다는 것은 그동안 서로 대화를 많이 나누지 않았다는 뜻이기 때문이다. 어찌나 논쟁이 뜨거웠던지 나는 의사로서가 아니라 조언자로서 수차례 끼어들어 두 사람을 진정시켜야만 했다.

위기를 기회로 만들려면

나는 테레사의 생명을 지키기 위해 가장 먼저 필요한 것은 부부 문제 전문가의 중재라고 판단했다. 그들에겐 의사소통을 도와주고 종교와 가치관의 차이를 해결해줄 누군가가 필요했다. 그래서 나는 심리 치료사를 찾았다. 그가 이 부부에게 더 많은 도움을 줄 것이라고 생각했다.

다른 의료 전문가들과는 달리 정신과 의사들은 치료를 맡은 환자의 유형에 가장 적합한 의사라야 비로소 효능을 발휘하게 된다. 그래서 나는 한 환자를 정신과 의사에게 보낼 때 의사의 개인적인 정보도 함께 고려한다. 정신과 의사가 유전적인 요인과 후천적인 요인이 얽혀 있는 복잡하고 정서적인 상황의 미묘한 차이점을 간파하고 있어야 치료가 제대로 이루어진다는 소신 때문이다.

그래서 나는 테레사와 그녀의 남편을 내가 아주 잘 아는 친구 의사에게 보내기로 결정했다. 그는 부부 치료 전문가로 유태인이며, 그의 부인은 가톨릭 신자였다. 그 친구라면 문제점을 정리하여 서로의 입장 차를 좁혀줄 것이라고 판단했다. 나는 테레사 부부에게 몇 주 후에 한 번 더 찾아오라고 말했다. 그때쯤이면 내 친구 의사와 치료를 시작했을 시점이었다.

3주 뒤에 다시 찾아온 그들은 모든 결정을 내게 일임하겠다고 말했다. 그녀의 진료 기록에는 '기적'이라고 적혀 있었다. 내가 추천한 심리 치료사는 그들에게 매우 긍정적인 영향을 끼친 것 같았다. 마침내 테레사가 임신을 포기하겠다고 한 것이다.

출산 후 심근증을 앓는 여자가 임신을 했을 때 떠안아야 하는 위험과 보통 사람들이 임신했을 때의 위험한 정도는 당연히 다르다. 우리는 이 둘을 분명히 구분해야 한다. 가령 자녀에게 유전될 수 있는 질병의 잠재 유전자를 가진 여성들에겐 임신의 위험성도 그만큼 높아진다. 나는 두 번째 출산이 테레사에게 문제를 유발할 객관적인 가능성을 잘 알고 있었기 때문에 단호한 태도를 취했던 것이다.

그 후로 테레사는 매년 검사를 받고 있다. 검사 결과도 좋은 편으로, 심장병이 점점 더 호전되고 있음을 나타내고 있다. 그녀의 아들은 벌써 여섯 살이 되었다. 남편은 아들이 축구에 소질이 뛰어나다며 자부심이 대단하다. 그들 부부는 화목해 보였고 대체로 현재의 상황에 만족하고 행복한 것 같았다. 테레사 부부의 이야기는 무미건조하고 조화를 이루지 못하던 순간이 오히려 희망의 문을 여는 터닝 포인트가 될 수 있다는 점을 보여준다.

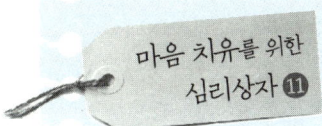

지금 옆에 있는 사람과 행복하라

　테레사가 처음으로 진료실을 찾아왔을 때에는 아기를 갖고 싶어 안달하는 모습이었다. 그러니 임신을 포기하라는 의사의 말에 그녀가 지극히 부정적인 반응을 보인 것은 충분히 납득할 만했다. 의사의 충고가 현명하고 신중한 판단에서 비롯된 것이라는 점을 감안하더라도 말이다.

　아이를 낳고 싶은 열망은 여성에게 기본적인 열정이며, 다른 무엇으로도 대체할 수 없는 어쩌면 무조건적인 열정인 듯하다. 진화적인 관점에서 볼 때, 이는 논리적인 주장으로도 뒤집을 여지가 없는 태곳적부터 이어져 내려온 여성만의 욕구이다.

　이 세상에서 생명을 창조하는 것보다 더 경이로운 일이 있을까? 테레사와 비슷한 상황에 처했을 때 맹렬히 싸워보지도 않고 포기하는 여성은 사실 그리 많지 않다. 심지어 출산을 포기하느니 자신이 죽는 것이 낫다고 생각하는 여자도 있다. 간혹 피치 못할 이유로 결국 어머니가 되기를 포기할 수밖에 없는 여자들은 생식 능력의 상실에서 오는 고통스러운 아픔을 겪게 된다.

테레사 역시 포기할 준비가 되어 있지 않았다. 심지어 남편이 차선책으로 제시한 '임신한 후에 심장병이 악화되어 위험해지면 강제 유산을 하자'는 제안조차 받아들이지 않았다.

체념하기 전에 충분히 노력하였는가

테레사는 남편과 세 살 난 아들을 둔 주부였으며, 심장병을 악화시키고 심지어 목숨이 위험해질 수도 있는 두 번째 임신을 계획하고 있었다. 테레사의 이런 행동은 사실 세 살짜리 아들은 전혀 고려하지 않은 게 아닐까. 더 심하게 말하자면 자녀를 둔 어머니가 스스로 목숨을 버리겠다고 결심한 것이나 다름없는 결정이었다.

자녀가 있는 부모는 스스로 목숨을 버릴 수 있는 권리를 포기해야 한다. 부모가 자녀에게 해를 입힌다는 것은 끔찍한 일이며 부당한 일이기 때문이다. 어떤 경우라도 어머니나 아버지의 자살은 뒤에 남겨진 자녀들에게는 파괴적인 경험으로 남을 수밖에 없다. 이는 너무나 잔인한 일이다. 더구나 자녀가 부모의 죽음에 대한 책임을 스스로에게 돌리거나, 불행을 막지 못한 것을 자책한 나머지 자기 자신을 용서할 수 없다고 느낀다면 그것은 더욱 치명적이다.

다시 본래의 이야기로 돌아와서, 많은 부부들이 부부관계에 위기가 닥쳤을 때 도움을 구하지 않고 당사자들끼리 문제를 해결하려고 한다. 때로는 친한 친구나 가족의 도움을 청할 때도 있다. 그러나 관계가 악화되어 균형과 행복이 깨지는 시점에 다다르면, 전문가의 도움을 찾는 것이 더 바람직하다.

그럼에도 불구하고 많은 부부들이 속으로만 끙끙 앓을 뿐, 전문가를 찾아가 문제를 해결할 생각은 잘 하지 않는다. 실제로 우리는 오랫동안 슬픔과 좌절 혹은 분노에 사로잡혀 있는 부부들을 많이 알고 있다. 하지만 그들이 그 문제를 해결하고 괴로움에서 벗어나기 위해 아무런 노력도 기울이지 않는다는 것 또한 잘 알고 있다.

그런 점에서 두 번째 임신을 둘러싸고 논쟁을 벌인 테레사 부부의 사례는 그나마 긍정적으로 보인다. 그들이 신뢰하는 제3자 앞에서 스스럼없이 논쟁을 벌였기 때문이다. 그들은 자신들의 종교와 사적인 가치관과 관련된 문제까지 거리낌 없이 드러냈다. 동시에 부부 문제 전문 치료사와 상담을 해보라는 권유도 받아들였다.

불행한 부부들에게서 볼 수 있는 체념이나 무감각의 가장 큰 원인은 갈등을 해결하거나 아니면 적어도 완화시킬 수 있다는 인식이 부족한 데 있다. 문제가 있음을 인식하는 것이 바로 문제를 해결하기 위한 첫걸음인데 그것이 이루어지지 않는 것이다.

이때 심리 치료사들은 각자의 내면 성찰을 통해 부부가 의사소통하는 데 집중할 수 있도록 돕는다. 이를테면 갈등의 이유와 각자가 느끼는 생각이나 감정, 욕구 등을 정직하게 분석하고 합리적인 사고와 자기 통제, 상대에 대한 이해심을 키울 수 있도록 돕는 것이다.

테레사의 경우에는 심리 치료사가 많은 도움이 되었으며 덕분에 부부가 더욱 매끄럽게 의사소통할 수 있었다. 그녀는 지금 옆에 있는 가족과 행복해지는 법을 배웠다. 그리고 자신의 목숨과 가족의 행복이 위험해지는 상황을 가슴으로 이해하였고, 마침내 현실을 받아들이게 되었다.

열두 번째 이야기

가족 간의 갈등이 가장 힘들다

- **이름** 빅토르
- **나이** 69세
- **성별** 남자
- **증상** 고혈압과 성욕 감퇴 환자
- **특이 사항** 자녀들과 단절된 생활을 하고 있음

뉴욕의 기업가인 빅토르가 처음 나를 찾아왔을 때 그는 59세였다. 빅토르는 혈압이 약간 높았다. 그의 아내인 클라우디아는 남편의 건강에 대해 노심초사하며 내게 남편을 진료해달라고 했는데, 그 모습이 꽤 인상적이었다. 클라우디아는 빅토르의 두 번째 부인이었으며 9년째 행복한 결혼생활을 유지해오고 있었다.

빅토르는 뉴저지 주의 한 산업 지역에서 성장했다. 빅토르의 부모

는 공장에서 일하는 노동자였고 그의 가족은 많은 경제적 어려움을 겪어야 했다. 힘든 환경에서도 빅토르는 어릴 적부터 사업가에 대한 꿈을 키워왔고, 25세의 나이에 이미 직원 400명을 둔 회사의 사장이 되었다. 그는 젊은 나이에 뉴욕의 저명한 집안의 딸과 결혼해 가정을 꾸렸다. 이 부부는 1남 2녀를 자녀로 두었지만 결국 빅토르가 50세가 되던 해에 이혼을 하는 것으로 관계를 매듭지었다. 이런 결정은 세간을 떠들썩하게 했을 뿐만 아니라 결과적으로 자녀들에게 깊은 상처를 남겼다.

아내와 헤어진 빅토르는 클라우디아와 동거를 시작했고 오래 지나지 않아 그녀와 결혼했다. 그 당시 대학에 다니고 있던 자녀들은 이 두 번째 결혼을 용납하지 않았으며 클라우디아를 새어머니로 인정하지 않았다. 그토록 영향력 있고 훌륭한 기업가인 아버지가 어떻게 그렇게 '저속한 여자'를 사랑할 수 있는지 이해할 수가 없다고 했다. 그러나 나는 여기서 클라우디아의 분위기는 '두 번째 부인'의 전형적인 모습이 아니라는 것을 밝혀두지 않을 수 없다. 클라우디아는 빅토르의 첫 번째 부인보다 더 매력이 있는 것도 아니고 더 젊은 것도 아니었다. 빅토르와 비슷한 연령대에 세련된 스타일도 아니었다.

한마디로 빅토르는 강하고 낙관적이고 지적이고 직관력이 뛰어나며, 첫째 부인과 이혼하고 다른 여자와 사랑에 빠져 재혼했으며, 두 딸과 아들과의 관계가 원만하지 못한 아버지, 그리고 심각하지는 않지만 혈압이 높아서 약물 치료를 받고 있는 남자였다. 내가 아는 한 그랬다.

그로부터 10년 후, 69세가 된 빅토르가 다시 내 진료실을 찾아왔다. 나는 그를 한 번에 알아보지 못했다. 그에게는 옛 모습의 흔적만이 남아 있었다. 고혈압이 점점 더 심해졌고 가족 간의 갈등 상황도 더 극심해진 것 같았다. 그는 패배한 사람처럼 보였다. 지난 10년 동안 그에게 있어난 일을 클라우디아가 내게 설명해주었다.

"두 딸 중 하나가 몇 년 전 심장병으로 갑자기 사망했어요. 그 아이의 죽음은 가족 모두에게 큰 충격이었죠. 특히 빅토르는 너무나도 큰 충격을 받은 나머지 딸의 죽음에 관해서는 그 누구에게도 일체 말을 꺼내지 않아요. 그런 침묵은 마치 딸의 죽음을 부인하는 것 같아요. 사실은 그런 일이 없었던 것처럼 말이죠. 선생님, 빅토르에게 닥친 불행은 그뿐만이 아니에요. 그의 외아들도 코카인 복용으로 심장 마비를 일으켰어요. 겨우 목숨은 건졌지만, 그 아들과 남은 딸은 빅토르와 여전히 사이가 좋지 않아요."

그렇다면 클라우디아와 자녀들과의 관계도 여전히 좋지 않을 게 분명했다. 클라우디아는 내 추측을 부정하지 않으며 빅토르의 자녀들과 자신과는 관계가 더욱 나빠졌다고 말했다. 또 회사의 상황도 좋지 않다고 했다.

"빅토르가 그토록 힘겹게 세운 회사인데, 주주들이 그에게 은퇴를 요구했어요. 그러면서 더 젊은 사람에게 사장 자리를 이임해야 한다고 주장했어요. 빅토르도 처음에는 강하게 저항했지만 투자자들의 압력에 못 이겨 마지막에는 물러나지 않을 수 없었죠. 빅토르는 아들의 지지를 받지 못한다는 것을 알고 있었기 때문에 딸에게 사장 자리를 제안했어요. 실제로 아들은 이 문제에 대해 몹시 비판적이었고, 본인의 사업을 따로 하고 있었기 때문에 딸이 자신의 지시를 따라줄 것이라고 생각했던 거지요. 그러나 상황은 빅토르의 생각대로 되지 않았어요. 딸은 사장 자리에 올라 이사회의 신뢰를 얻자마자 자기 마음대로 회사를 운영하고 아버지의 생각을 무시했어요. 빅토르의 사업 전망은 이미 시대에 뒤떨어졌다는 이유를 들먹이면서요……."

한 시대가 끝나는 것

한때 힘과 결단력을 가진 경이적인 존재였던 빅토르는 가엾은 처지가 되어 심각한 고혈압에 시달렸고(스트레스를 받는 사람의 전형적인 특징인 혈압의 상승과 저하가 매일 반복되고 있었다), 성 기능마저 급격히 감퇴되었다. 가족과 회사에서 겪는 모든 문제가 빅토르의 몸에 영향을 미친 것이다.

어찌 보면 빅토르의 문제는 그 연령대에 겪게 되는 전형적인 갈등이었다. 두 번째 결혼, 성인이 된 자녀들과의 갈등, 건강의 적신호와 세대 차이, 주주 및 직원들과의 갈등까지……. '통제'에 익숙한 막강한 권력자였던 빅토르는 아들의 삶도, 딸의 회사 경영도, 새어머니에 대한 두 자녀의 감정도, 고혈압도, 그 어느 것 하나 통제할 수 없었다. 그런 무력감이 성욕 상실의 원인이 된 것 같았다.

그의 삶에서 유일하게 변하지 않은 것은 그의 두 번째 부인뿐이었다. 클라우디아는 도움의 손길이었으며, 그의 말을 들어주고 그를 걱정해주고 병원에도 늘 같이 가주는 사람이었다. 그런데도 자녀들이 아버지를 지탱해주는 유일한 기둥을 파괴하려 드는 것은 정말 어리석은 일이었다.

빅토르의 건강 문제를 해결하려면 먼저 가정과 회사의 문제에서 비롯되는 스트레스부터 해결해야 했다. 우선 나는 그와 마주앉았다. 그리고 회사의 새로운 상황을 받아들이고 딸에게 맡기라고 했다. 또 회사를 세웠던 당시의 열정과 강도로 자선사업에 힘써보면 어떻겠느냐고 조언했다. 이제는 사회를 변화시키는 일에 얼마든지 기여할 수 있을 때였다. 그리고 나서 나는 빅토르의 가족들과 이야기해볼 수 있게 만남을 주선해달라고 했다.

며칠 뒤, 나는 빅토르의 딸과 이야기를 나누었다. 나는 그녀의 아버지가 이제부터는 그녀가 회사의 최고 결정권자라는 사실을 받아들였다고 설명했다. 다만 그녀가 아버지를 이해하고 아버지와 클라우디아를 좀 더 너그러운 마음으로 대해줄 것을 부탁했다.

다음으로 빅토르의 아들을 만났다. 그에게 아버지를 이해시키는 것은 예상대로 쉽지 않았다. 그는 아버지에게 존중을 받아본 적이 없었기 때문에 감정적으로 엄청난 저항감을 느끼고 있었다. 그의 자존감은 매우 낮았고 서운한 마음도 많이 쌓여 있었다. 게다가 친어머니와 매우 친밀하게 지내고 있었다. 그렇기 때문에 아버지의 두 번째 부인을 인정하는 것은 일종의 배신이라고 생각했다.

그렇지만 빅토르의 아들도 나와 긴 대화를 나누며 차츰 누그러졌다. 그는 과거에 자신에게 겁을 주었던 강한 아버지가 지금은, 특히 딸의 가슴 아픈 죽음을 겪고 난 뒤부터는 아주 허약한 사람으로 변했다는 것을 깨닫게 되었다. 더구나 그 허약함이 남의 일 같지 않았기 때문에 아버지에 대한 동정심과 연민마저 느껴진다고 했다.

결국 빅토르의 자녀들은 클라우디아와 함께 사는 법을 배워야 하며, 그녀를 무시하는 것이 아무런 의미가 없다는 사실을 받아들이고 이해하게 되었다.

가족의 재탄생

그 후로도 나는 빅토르를 계속 만나왔다. 그는 이제 훨씬 더 편안하고 행복한 사람이 되었다. 자녀들과의 관계가 개선되고, 회사에서 손을 떼고, 삶에 대한 통제력을 회복하자 성욕 감퇴 증세도 점차 사라졌다. 덕분에 그의 고혈압도 잡을 수 있었다.

가족관계는 더 친밀해졌다. 자녀들과 클라우디아는 서로 정중하게 대했다. 딸은 결혼을 해서 두 자녀를 낳았고, 주말에는 모든 가족이 한집에 모이기도 했다.

내가 만나는 60~70대 정도 되는 환자들 중에는 가족 간의 갈등을 겪는 사람들이 많다. 그런 갈등은 그 연령대의 사람들에겐 아주 흔한 일이다. 그전까지는 수면 아래에만 머물다가 자녀들이 성인이 되고 부모가 전보다 기력이 떨어진 노인이 되었을 때 터지는 잠재적인 문제인 경우도 있다. 미국의 가정은 경쟁과 단절의 상황에 직면할 때가 많다. 그 연령대의 환자가 병원에 입원을 하고 자녀들이 찾아오기 시작하면 으레 가족들끼리 논쟁을 하기 시작한다. 그 논쟁은 힘이나 지배력의 논리에 의한 싸움일 때가 많다. 그렇지만 빅토르의 경우를 통해 나는 아무리 뿌리 깊은 가족 간의 갈등에도 반전의 여지는 남아 있다는 희망을 보았다.

빅토르는 현재 자선사업에 협력하고 있다. 그중 대부분은 정신의학 연구에 할애하고 있다. 물론 아직도 딸의 죽음을 드러내놓고 이야기하지는 않는다. 하지만 고통스러웠던 그 경험을 바탕으로 그는 비슷한 슬픔을 안은 사람들과 그런 사람들을 돕는 여러 기관과 가까워질 수 있었다. 이 모든 활동을 하면서 그는 다른 사람들에게 마음의 문을 조금씩 열게 되었다. 빅토르는 아주 관대해졌으며 사회에 기여하는 것으로 매우 긍정적인 영향력을 행사하고 있다.

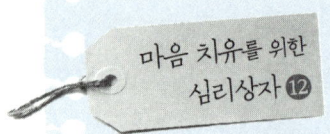

누구에게나 회복 탄력성이 있다

빅토르는 삶이 우리에게 줄 수 있는 가장 혹독한 세 가지 역경을 이기고 살아남았다. 즉 자녀의 죽음, 자녀들과 단절된 생활, 그리고 자신이 세운 회사에서의 실패가 바로 그것이다. 먼저 빅토르가 극복한 힘든 시련들을 간략하게 살펴볼 필요가 있을 듯하다.

가장 파괴적인 경험

자녀를 잃는다는 것은 인간을 두 가지 집단으로 분류할 수 있는 파괴적인 경험이다. 그런 경험을 한 집단과 하지 않은 집단으로 말이다. 불과 200년 전까지만 해도 아이들이 죽는 일은 빈번하게 일어났다. 가령 과거 유럽에서는 어린이 네 명 가운데 한 명이 15세를 넘기지 못하고 사망했다. 그러나 지금은 상황이 많이 달라졌다. 대부분의 선진국에서는 갓난아이 100명 가운데 99명은 성인이 된다. 이제 어린이가 죽는다는 것은 부당하고 부자연스러운 일이 되었다.

자녀가 죽으면, 부모는 이해할 수도 없고 준비도 안 된 현실에 필사적으로 적응해나가야 한다. 게다가 자녀의 죽음은 모든 가족에게 심각한 영향을 준다. 많은 경우에 가족관계는 혼란과 고통에 사로잡히고 다른 가족에게 책임을 전가하면서 서로 미워하는 관계로 변하고, 급기야 해체되기까지 한다.

자녀를 잃은 모든 부모는 그런 일이 왜 일어났는지 그 의미를 찾으려 한다. 그리고 죄책감에서 벗어나고 슬픔을 달래기 위해 정당성을 증명하고 싶어 한다. 어떤 사람들은 이해심이 많은 친구들에게 위로를 받기도 하고, 또 어떤 사람들은 종교에 귀의하기도 한다. 자연에 의지하여 바닷바람이나 산의 광대함에서 잃어버린 자녀의 영혼을 느끼며 슬픔을 달래는 사람들도 있다.

빅토르에게 딸의 죽음은 실로 무시무시한 경고였을 것이다. 좋은 아버지 혹은 좋은 어머니가 되어주는 것만으로는 자녀를 보호하기에 충분하지 않다는 경고 말이다. 아무리 강한 사람일지라도 느닷없이 불어닥친 삶의 풍파를 무심하게 넘길 수는 없다. 그런 사람은 세상에 없다.

이혼이 부부와 자녀들에게 남기는 상처

사랑이 꽃피었다가 시들어버린 부부관계를 깨는 이혼은 괴롭고 위험하고 힘겨운 경험일 것이다. 한 국가의 국민 건강 프로그램을 기획할 때 이혼율을 중요한 자료로 삼아야 하는 것은 바로 이런 이유 때문이다. 헤어진 부부들은 이혼 과정에서 엄청난 스트레스를 받게 되고 다양한 신체적, 정신적 질병에 걸릴 위험도 높아진다. 아닌 게 아니라 이혼의 위기에 처한 사람들이 수면 장애나 우울증, 불안 혹은 소화기 장애를 치료하기 위한 약물을 더 많이 복용하는 것으로 조사되고 있다.

대다수의 부부들은 상대방에게 실망하고 갈등을 겪는 괴로운 과정을 겪은 후에 이혼을 계획한다. 그런 탓에 헤어진 지 얼마 안 된 부부들이 주로 느끼는 감정은 증오다. 많은 이혼한 사람들이 상대 배우자에게 느끼는 분노와 원한의 강도는 정말 놀라울 정도다. 그 잔인함이 도를 지나쳐서 결국엔 본인조차 제대로 판단하고 있는지 의심하게 될 정도다. 자녀를 둔 부부에게 이혼은 훨씬 더 힘든 일이다. 자녀들이 불행해질까봐 걱정될 뿐만 아니라 상대편이 자녀들을 내세워 권리를 주장하는 경우도 많기 때문이다.

이혼은 또 부모와 자식 간의 관계에도 변화를 준다. 혹여 부모가 어서 이혼하기를 기다리거나, 심지어 이런 위기에 대비해 미리 준비를 해두는 자녀는 거의 없을 것이다. 부모에게 학대를 받은 아이들을 제외하면, 현실적으로 부모의 이혼을 또 다른 기회로 느끼는 자녀들은 없다고 봐야 한다. 자녀에게, 특히 어린 자녀에게 부모의 이혼은 가정의 버팀목이 무너져버린 것 같은 일이다. 심지어 유년기가 영원히 사라졌다고 느끼는 아이들도 있다. 이런 결핍증은 그들의 내면에서 서서히 고통과 분노를 키운다. 부모의 이혼은 아직 어린 자녀든 이미 성년이 된 자녀든지 간에 부당하고 모욕감을 안겨주는 결정이다. 그렇기 때문에 그들은 대체로 반항과 분노로 반응을 하는 것이다. 그런가 하면 어느 한쪽의 편을 들기도 한다. 빅토르의 자녀들이 가족을 분열시킨 책임을 아버지에게 돌리고 아버지를 비난했듯이 말이다.

이혼을 한 후라도 아버지가 다른 여자와 살게 되면, 어머니는 자녀들이 그 여자를 인정하고 받아들일까봐 걱정하곤 한다. 그 여자가 이혼에 결정적인 원인을 제공했을 때는 더욱 그렇다. 그리고 만약 아버지가 그녀와 결혼까지 한다면, 나머지 가족들은 가정이 깨져 가족들이 고통받게 된 책임을 물으려고 한다. 정반대로 어머니가 다른 남자와 살거나 두 번째 결혼을 할 때에도 마찬가지로 이런 감정은 생겨난다. 빅토르가 이혼을 하자, 자녀들이 클라우디아를 경멸하고 가족 간에 괴로운 긴장감이 흐르게 된 것은 어찌 보면 당연한 반응일 수 있다.

이혼한 부부들이 서로에게 느끼는 분개심이 몇 년 동안 지속될 때도 있다. 그러나 시간이 어느 정도 흐르면 대다수의 사람들은 다시 자신의 삶을 꾸리고 다른 애정관계를 쌓아나간다. 이혼을 결심하는 사람들이 진정으로 찾는 것은 새로운 상대를 만나 행복한 결혼 생활로 되돌아가는 것이기 때문이다.

역경을 견디고 극복하는 능력

빅토르는 너무나도 강하면서 동시에 약한 사람으로서 정신적 외상이 될 수 있는 상황에 직면해 있었다. 부부 생활의 파탄과 그로 인한 가정의 해체, 마약에 중독된 아들과 딸의 죽음, 그리고 리더십의 붕괴와 자신이 세운 회사에서의 사임 등이었다.

나뭇잎이 나무에서 떨어질 때 방향을 예측할 수 없는 것처럼, 삶의 균형을 깨는 예기치 않은 불행들은 자주 우리 삶의 방향을 바꿔놓는다. 그렇지만 인간에게는 누구나 불행을 이겨낼 수 있는 자질이 있다. 이런 역경을 견디고 극복하는 능력을 심리학에서는 '회복 탄력성'이라고 한다. 회복 탄력성은 개인적인 능력이며 선천적인 요소와 후천적인 다양한 요소에 따라 달라진다. 그리고 생물학적, 심리학적, 사회적 능력은 우리의 성격을 형성하며 우리에게 영향을 주는 환경과 사건을 느끼고 판단하는 방식을 결정짓는다. 따라서 스트레스를 받았던 경험의 본질과 심각성은 차치하고, 그 경험이 주는 충격은 우리가 그 사건에 부여하는 주관적인 의미에 따라 달라지게 된다. 즉 각자가 지닌 회복 탄력성에 따라 달라지게 된다.

역경을 극복하는 것을 가로막는 가장 해로운 요소는 무력감이다. 역경 앞에서 무력감을 느껴, 자신이 무슨 일을 해도 상황은 변하지도 좋아지지도 않을 거라고 생각하는 사람들은 냉담하고 패배적인 입장을 취할 때가 많다. 결국 그들은 빨리 포기해버리고 만다. 무력감을 느끼며 도움의 손길이 없다고 생각하는 기간이 길어지면 길어질수록 그들은 점점 더 위험한 상태로 들어간다. 나약한 감정과 좌절감이 깊어지며, 의욕과 희망이 고갈되기 때문이다.

자신의 상황을 통제하기를 즐기는 사람들이 그렇지 않은 사람들에 비해 자존감을 공격당했을 때 더 잘 견디며, 단호하고 효율적으로 문제에 직면한다는 사실은 이미 확인된 바 있다. 만약 우리가 자신이 내린 결정을 스스로 지휘할 수 있다고 믿는다면 우리의 갈망을 도전으로 바꾸려고 애쓰게 되고, 우리의 능력을 신뢰하게 된다. 그리고 결국 앞길을 막는 장애도 극복하게 될 것이다.

빅토르가 발렌틴을 두 번째로 찾아왔을 때처럼, 역경에 처한 사람에게 가장 큰 도움을 주는 것은 다름 아닌 이해심과 정서적 도움과 자극이다. 이런 도움들이 우리가 자신을 되찾고 우리의 배를 이끌어갈 수 있는 능력을 회복시켜준다. 실제로 홀로코스트에서 살아남은 생존자들에 관한 많은 연구들을 보면 무조건적인 정서적 도움을 주는 단 한 사람이 극복의 열쇠였다는 것을 잘 알 수 있다. 다른 사람들과의 정서적인 관계는 힘들고 어려운 순간에 구명조끼로 변신한다. 빅토르의 경우는 클라우디아와의 행복하고 견고한 관계가 결정적인 보호 요소였다.

게다가 발렌틴은 자녀들이 아버지와의 싸움에서 이겼으며, 막강했던 아버지가 패배했다는 사실로 자녀들을 설득했다. 그리고 그 승리 가운데 관대함으로 화해를 나눌 순간이 도래했음을 깨닫게 해주었다. 마침내 용서하고, 과거의 장을 뒤로 넘기며, 가족의 역학에서 새로운 관계의 장을 열어야 할 차례였다. 희망과 감동으로 가득 찬 그 순간, 나는 오스카 와일드Wilde의 《도리언 그레이의 초상》의 한 구절이 떠올랐다. "아이들은 부모를 사랑하기 시작하지만, 커가면서 부모를 판단한다. 그리고 이따금 그들을 용서하기도 한다."

빅토르의 삶의 굴곡을 지켜보고 있노라면 살면서 만나게 되는 통제 불능의 역경 앞에서 속수무책으로 당할 수밖에 없는 인간의 나약함을 보게 된다. 하지만 다른 한편으론 인간의 놀라운 적응력과 회복력에 감탄하며 위로를 얻게 된다. 인간이 가진 이런 놀라운 회복 탄력성 덕분에 사람들은 끔찍한 불행을 겪어도 극복해낼 수 있는 것이다. 뿐만 아니라 삶에서 긍정적인 변화를 체험하는 사람도 적지 않다. 이렇게 역경을 극복해낸 후에 타인들과의 관계가 더욱 단단해진 경우를 우리는 주변에서 흔히 볼 수 있다. 또 자기 자신에게서 이전까지는 몰랐던 창의적인 면이나 이타심을 발견하는 사람도 있고, 일상이 주는 사소한 행복을 더 많이 즐길 수 있게 된 사람도 있다.

"위기에서 기회를 만나는 비결을 발견하는 사람들에게는 많은 좋은 일이 기다린다." 중국에서 전해지는 이 속담은 바로 회복 탄력성을 강조하고 싶었던 것이 아닐까. 어쨌든 분명한 것은 '외상 후 성장'이 존재한다는 증거는 날이 갈수록 늘어가고 있다는 사실이다.

열세 번째 이야기

내 비밀을 절대로 들키고 싶지 않다!

- **이름** 디에고
- **나이** 81세
- **성별** 남자
- **증상** 가벼운 심장병을 앓은 적이 있음

디에고는 81세 때 부인과 함께 처음 내 진료실을 찾았다. 심근경색을 앓고 난 뒤였다. 그는 비만이었고 담배를 피웠다. 예전에 그가 프로 수영 선수였다는 것이 놀라울 따름이었다. 처음 만난 자리에서 디에고는 아무 말도 하지 않았다. 상황을 설명해준 사람은 그보다 열 살이 어린 그의 부인이었다. "남편은 심근경색을 앓고 난 뒤부터 불안해하고 의기소침해졌고 불면증에도 시달리고 있답니다." 실제로 그는 매우 침울해 보였고 자기 안에 갇혀 있는 것 같았다.

디에고는 아르헨티나에서 태어났지만, 열 살 때 미국으로 이민을 왔다. 공부를 잘한 적은 없었지만, 수영만큼은 뛰어나게 잘해서 학생 때부터 대회에 출전하기 시작했다. 물론 선수로서 정상에 설 수준은 못 됐지만 그는 처음에는 선수로, 나중에는 코치로 거의 평생을 수영장에서 보냈다. 오랜 세월 코치로 사는 동안, 그는 매일 14시간 이상을 일하면서 몸을 관리해왔다. 그러다 50대에 실직을 했다. 갑작스런 실직을 겪는 사람들이 보통 그렇듯이, 디에고는 이런 상황을 예측하지 못했으며 이전에 다른 인생 경로를 생각해본 적도 없었다.

별 수 없이 그는 경제적으로 아내에게 의존하게 되었다. 그의 부인은 슈퍼마켓의 계산원으로 일했는데 늦게 퇴근하는 날이 잦았다. 자녀가 없었던 이 부부는 브롱크스의 작은 아파트에서 살고 있었다. 아내가 일하는 동안, 디에고는 동네 주민센터에 가서 카드를 하거나 바둑을 두는 일로 시간을 보냈다.

그의 아내가 한 말 중에 내 관심을 끄는 대목이 있었다. "바둑을 두면서도 친구들과 거의 말을 하지 않아요." 나 역시 지인과 바둑을 두고 환자들 중에도 바둑을 두거나 카드를 하는 사람들을 여럿 보았지만, 그런 여흥을 즐기면서 아무 말도 하지 않는 사람은 별로 없다. 보통 카드를 하는 사람들은 한 장소에 모여서, 자리에 앉고, 카드를 하다가, 몇 마디를 주고받고, 게임이 끝나면 각자 집으로 돌아간다.

다시 말해 디에고는 다른 사람들에게 자신을 열지 않은 채 카드를 하고 바둑을 두고 있었다. 수영 선수로 활동하고 코치로 일했을 때의 강도로 말이다. 또 게임에 너무나도 열중한 나머지 몸매 관리는 완전히 잊어버리고 있었다. 습관적으로 담배를 피우고 늘 앉아서 생활한 결과, 운동선수의 외모를 갖고 있던 사람이 뚱뚱해져 비만과 영양 부족 상태가 왔고, 콜레스테롤 수치와 혈압이 높아졌으며, 당뇨병 증세도 나타나기 시작했다.

내 진료실을 처음 찾아온 날 그의 아내는 너무나도 자연스럽게 다음과 같이 고백했다.

"사실 남편은 '잠재적 동성애자'예요."

그녀는 실제로 디에고의 동성애 성향을 발견한 적도 있었지만 그가 아내에게 충실하겠다고 약속해서 넘어갔다고 했다. 게다가 그녀는 디에고가 내게 진료 받던 3년 동안 언제나 그의 곁을 지키면서 무조건적인 힘이 되어주었다.

나는 디에고와 대화를 해보고자 시도했다.

"디에고, 심근경색은 불안정한 건강 상태의 결과예요. 비만, 높은 콜레스테롤 수치, 고혈압, 흡연 같은 위험 요소는 언제든 폭발할 수 있는 시한폭탄과 같아요. 다시 건강해지려면 습관을 바꾸고 체중을 줄이고 점차 담배를 끊어야 합니다."

나는 환자에게 실현 가능한 행동 계획을 제안함으로써 환자가 자존감을 잃지 않고 실천할 수 있도록 유도해왔다. 디에고에게는 한 달에 1kg씩 체중을 감량할 것을 제안했다. 2년 동안 최소한 24kg을 빼야 하는 장기적인 계획이었다. 담배에 관해서도 비슷한 제안을 했다. 양을 점차 줄여서 결국 끊도록 하는 계획이었다. 또 운동을 다시 시작하도록 조언하고 혈압과 콜레스테롤, 당뇨병을 위한 약을 처방해주었다.

극으로 치닫는 강박적 행동

3년 뒤 그가 다시 찾아왔을 때 나는 그를 알아보지 못했다. 디에고는 완전히 다른 사람처럼 날씬해져 있었다. 실제로 그의 신체비만지수는 17로 정상보다 훨씬 낮았다. 혈압도 낮았고 콜레스테롤 수치도 매우 낮았다. 칼륨 농도 역시 바닥을 가리켰다. 그의 아내는 남편이 카드와 바둑을 그만두었으며 지금은 건강에만 신경 쓰며 지낸다고 했다. 그러나 현재의 행동도 건강한 것은 아니었다. 나는 디에고에게 중용을 지켜야 한다는 점을 지적해주었다.

1년 뒤에 그가 다시 나를 찾아왔다. 그런데 지난번보다 살이 더 빠져 보였다. 그는 콜레스테롤 수치가 정상보다 낮을 때 전형적으로 나타나는 기억력 감퇴와 피로 및 성급함 증세를 보이고 있었다. 또 그가 체중을 줄이기 위해 설사약까지 먹는다는 사실을 알게 된 나는 그만 인내심을 잃고 말았다. 나는 내 좌절감을 그대로 드러내버렸다. 그런데 이전보다 나를 더 놀라게 한 것은 그의 수동적인 태도였다. 디에고는 아무 반응도 보이지 않았다. 그의 이런 모습에 좌절감을 느낀 것은 나뿐만이 아니었다. 그의 아내 역시 남편의 강박적인 행동들을 지켜보면서 괴로워하고 있었다.

나는 디에고의 치료에 개입하기로 결심하고, 열흘 동안 네 번이나 그를 만났다. 동성애에 관해서는 굳이 언급하지 않았지만 그가 마음을 열고 대화할 수 있도록 기다렸다. 그러던 어느 날, 마침내 우리가 대화를 시작하는 데 성공했다. 그는 카드를 하고 건강을 돌보지 않은 행동보다 최근의 강박적인 행동이 건강에 가장 해롭다는 것을 드디어 깨달은 것 같았다.

"의사 선생의 조언에 따르겠소. 그리고 적당한 균형을 찾겠다고 약속하지요."

디에고는 원래 약속을 철저히 지키는 사람이기 때문에 그의 말을 믿을 수 있었다. 그는 적당한 균형을 찾기 위해 스스로 노력할 것이고, 앞으로 더 건강한 생활습관을 길러갈 것이다.

마음 치유를 위한
심리상자 ⑬

누구에게나 비밀은 있다

　동성끼리 성관계를 갖는 행위는 역사적으로 개인과 가족의 생존을 위협하는 위험한 행위, 자연에 대한 모독, 사회적 범죄 및 질병으로 간주되어왔다.
　동성애에 대한 공포증을 가지고 있던 20세기의 환경에서 성장한 수많은 동성애자들처럼 디에고 역시 경멸과 차별의 시선에서 자신을 보호하려면 성적 취향을 억제하고 은밀한 세계 속에 비밀스럽게 보관하는 수밖에 없었을 것이다. 그 반대로 행동했다면 결과는 그야말로 재앙이었을 것이다. 직장에서 갑작스럽게 해고를 당하거나 군대에서 불명예제대를 당했을지도 모르고, 사회와 가족의 비난에 시달렸을 것이며 체포되거나 심지어 구금에 이르기까지 이겨내기 힘든 많은 재앙이 그를 기다리고 있었을지도 모를 일이다. 1950년대 미국에서 조지프 맥카시McCarthy 상원의원 시대에 판을 쳤던 마녀사냥은 특히 동성애자들에 대한 무시무시한 박해로 이어졌다. 오늘날 그토록 유명한 '게이 프라이드Gay pride(자신의 성적 취향과 성적 정체성을 자랑스럽게 여기는 레즈비언, 게이, 트랜스젠더를 가리키는 개념)'란 표현은 그 당시만 해도 상상조차 할 수 없는 말이었다.

남보다 우월해 보이고 싶어 하는 자의 횡포

정신의학은 동성애가 질병인지 아닌지에 관한 딜레마를 해결하고자 노력했다. 불행히도 이 문제는 과학적인 방법으로 분석되지는 못했다. 1952년 미국에서 처음으로 정신병이 분류되기 시작했을 때, 동성애자들은 성격 변화와 관련하여 성적 일탈을 겪는 정신병 환자들로 간주되었다. 많은 동성애자들이 자신의 삶의 방식을 종교나 법적 기관이 아니라 좀 더 관대한 의학적 심리학 분야에서 규정해줄 것을 요구했기 때문이다. 타락한 사람이나 범죄자로 취급되기보다는 환자로 취급받는 것이 더 낫다고 생각한 것이다. 그렇지만 머지않아 동성애 집단은 그것이 부정적인 의미의 꼬리표가 되어 따라다닌다는 것을 깨닫게 되었다. 결국 그들은 인간의 존엄성을 거부하는, 동성애 공포증을 가지고 있는 집단의 상징인 정신의학에 공개적으로 항의하기에 이른다.

1974년 미국 정신의학회가 이례적으로 동성애 진단의 타당성을 위한 투표를 실시하자 의학계와 과학계는 놀라움을 금치 못했다. 이 투표에 참여한 만 명의 정신과 의사 가운데 58퍼센트가 동성애를 정신 질환의 공식 분류에서 제외하는 데 찬성한 것이다.

그러다 1981년 무렵부터 에이즈의 끔찍한 저주가 나타나기 시작했다. '게이 전염병'으로 알려져 있는 이 병은 동성애자들의 주장에 극적인 반전을 안겨주었으며, 동성애자들은 이 잔인한 병과 직면해야 했다. 많은 사람들이 에이즈를 구실로 동성애자들에 대한 차별을 정당화하려고 한 것이다. 어떤 사람에게는 에이즈가 '규칙을 지키지 않는 사람들에 대한 신의 징벌'을 의미했고 또 어떤 사람에게는 '사회적 통념에 어긋나는 성행위'를 고발하고 대다수가 인정하는 이성애의 가치를 주장하는 동기가 되었다. 동성애에 대한 사회적 편견은 '다른 사람'들의 집단을 평가 절하하고, 그 과정에서 '좋은 사람'과 '나쁜 사람'을 구분하려는 욕구를 충족시키는 인간의 성향을 반영하는 것이다. 또 상대보다 우월해 보이고 싶어 하는 본성을 나타내는 것이기도 하다.

동성애에 빠지는 정확한 원인은 아직 알려져 있지 않다. 동성애는 성인들 간의 낭만적인 매력을 조절하는 생리적, 심리적 메커니즘이 변형되어 나타나는 현상이다. 따라서 개인의 노력으로 통제할 수 있는 부분이 아니라는 견해를 지지하는 과학적 연구가 점점 늘어나고 있다. 성적 지향은 안드로겐과 에스트로겐이라고 하는 성 호르몬의 결과로 태아 때 이미 형성된다고 주장하는 의견도 있다.

다만 확실히 알 수 있는 것은 동성애는 질병이 아니며, 전염이 되는 범죄도 아니고, 미성숙한 부모나 어린 시절에 겪은 추악한 경험의 결과도 아니라는 사실이다. 동성애는 윤리적인 문제나 정신 건강의 문제가 아니라 사회·정치적으로 풀어가야 할 과제이며 우리의 이성과 인간성에 대한 도전이다.

오늘날에는 많은 사람들이 동성 관계를 용납하고 있으며 그들이 평등하게 대우 받을 권리를 지지하고 있다. 거의 모든 유럽 국가와 캐나다에서 동성애자들의 결혼을 법적으로 인정하고 있으며, 동성애자 부부가 자녀를 입양하는 것을 허용하는 국가도 적지 않다. 미국에서는 인구의 절반 이상이 동성애의 합법화를 지지하고 있다. 비록 미국 연방법은 동성애 결혼을 인정하지 않지만, 이미 몇몇 주에서는 이런 부부들을 법적으로 지지해주고 있다.

많은 변화에도 불구하고, 많은 동성애자들이 여전히 일상생활에서 어려움을 겪는다는 것은 두말할 필요가 없다. 자신이 살고 있는 사회에서 낙인이 찍혔다고 느끼는 사람들은 으레 자신에게 유리한 현실적인 발전을 이루기가 더 힘들다. 그러나 우리 인간은 사회적 장애를 극복해내려는 의지는 물론이고 그 과정에서 더 단단해질 수 있는 엄청난 능력을 가지고 있다. 실제로 자존감은 동성애자이냐, 이성애자이냐에 따라 더 낮거나 높아지는 것이 아니다.

무엇보다도 사회의 부정적인 고정관념은 그것을 고집스럽게 지키려는 사람들의 자존감에 부정적인 영향을 미친다. 반면에 부정적인 딱지가 붙은 집단에 속한 사람들 중에도 자기 자신을 긍정하고 활기차게 살아가는 이들이 많다. 부정적인 시각은 다른 사람들의 편견에서 비롯된 것이지 자신의 책임은 아니기 때문이다. 이런 사람들은 자신의 직업적인 성공이나 예술성이나 사업적인 능력처럼 자신을 돋보이게 만들어주는 개인적인 재능을 더 높이 평가한다.

무거운 짐을 벗고 싶지만…

　우리는 태도와 행동을 통해 사회라는 무대에서 우리 자신을 표현하고, 다른 사람들이 우리를 어떻게 판단하는가를 중요하게 생각한다. 그래서 다른 사람들 앞에서 우리의 성격을 드러낼 때도 대체로 상황을 보아가며 표현하게 된다. 다른 사람들 앞에서 우리를 표현하는 방식은 스스로 용납할 수 있는 수준의 자존감을 유지하고, 스스로 만족감을 느끼고 싶은 욕구에 의해 영향을 받는다. 그래서 때때로 우리는 자신의 부정적인 성격을 감추고 드러내지 않을 때도 있다.

　디에고처럼 '잠재적인' 동성애자로, 사람들에게 자신을 드러낼 수 없는 경우에는 더욱 표면화되지 않는다. 최근에는 커밍아웃을 하고 가족들에게 진실을 말하기로 결심하고, 심지어 더 이상 압박과 모욕을 견디기만 할 것이 아니라 권리를 주장하겠다고 밝히는 게이와 레즈비언의 수가 늘어나고 있긴 하다. 그러나 여전히 '눈에 보이지 않는' 상태를 유지하면서 무덤까지 비밀을 지키려는 사람들도 결코 적지 않다. 그들에게 성性은 입에 담기 싫은, 아니면 그저 들킬지도 모른다는 생각만으로도 두려움을 주는 금기의 주제다. 불행하게도 이런 사람들은 비밀을 끝까지 유지하겠다는 강박관념이 성적 취향만큼이나 확고해서 정서적인 고립 상태에 빠지기 쉬우며 결국에는 불법적인 행동을 하거나 혼란스러움을 느끼거나 엄청난 스트레스를 받게 된다.

　그렇다고 디에고와 비슷한 연령대의 동성애자들이 모두 지난 과

거의 역경을 심리적으로 극복하지 못했다는 의미는 아니지만, 쉽지 않은 일임은 분명하다. 사회적으로 부정적인 낙인이 찍힌 자신의 모습을 인정한다는 것은 누구에게나 매우 어려운 일이다. 이는 자유를 빼앗고 안정적인 애정관계를 즐길 수 있는 가능성마저 빼앗아간다.

우리는 누구나 비밀로 간직하고 싶은 생각과 행동이나 드러내고 싶지 않은 과거의 경험을 가지고 있다. 그러나 자신의 본래 모습과 다른 이미지를 유지하려고 무거운 비밀의 짐을 지고 다니는 것은 많은 정신적 에너지를 소모하는 일이다. 그리고 시간이 지나면 건강에도 해를 끼치게 된다. 이 모든 면면들로 생각해볼 때, 개인적인 비밀을 들키지 않으려는 강박관념 때문에 계속해서 스트레스를 받아온 디에고가 건강이 급격히 악화된 것은 어쩌면 당연한 결과일지도 모른다.

열네 번째 이야기

언제 죽을지 모른다는
두려움을 다루는 법

- **이름** 찰리
- **나이** 60세
- **성별** 남자
- **증상** 관상동맥 질환

찰리는 내가 아는 사람 중에 가장 사교적이고 상냥한 사람으로 거의 18년 전부터 내게 치료를 받아왔다. 그동안 그는 우리 팀원 전부를 매료시켰을 뿐만 아니라, 내 아내와 두 아들은 그의 팬이 되었다. 오랜 세월 동안 그와 만나면서 우리 병원의 간호사들은 하나같이 그를 좋아하게 되었고, 내 가족들은 그와 전화 통화를 하면서 친근하게 안부를 주고받는 사이가 된 것이다.

찰리가 처음 내 진료실을 찾아왔을 때 그의 나이는 60세였다. 〈뉴욕타임스〉에서 내 이름을 보고 자신이 찾던 심장병 의사라고 단정했던 것이다. 그는 땀을 흘리며 약간 긴장한 모습으로 진료실에 나타났다. 그리고 내겐 말할 기회를 주지 않았다. 다짜고짜 자신의 인생 이야기를 전부 털어놓기 시작했던 것이다. 단 한 번도 내가 끼어들 틈을 주지 않은 채 말이다.

그는 플로리다에서 성장했지만, 그 당시는 뉴저지 주에 살고 있었다. 그리고 어느 제약회사의 영업사원으로 일하고 있었다. 그는 뉴저지에 있는 병원들을 찾아다니며 자기 회사의 신약을 소개하고 영업하는 일을 했다. 미혼이었고 딱히 결혼할 사람이 있는 것도 아니었다. 그의 유일한 걱정은 심장인 것 같았다.

그런데 2년 전, 자신의 유일한 가족인 세 살 아래의 동생이 심장 발작을 일으켰다고 했다. 그는 담배를 피웠고 콜레스테롤 수치도 매우 높았다. 동생은 다행히도 살아남았지만, 그때부터 찰리는 자신도 심장 발작을 일으켜 언제 죽게 될지 모른다는 강박관념에 사로잡히게 되었다.

동생이 심장 발작을 일으킨 후로 찰리는 바로 헬스클럽에 등록했고 자신의 주치의를 찾아갔다. 그의 주치의는 가족력 때문에 심장 스트레스 검사를 해보는 것이 좋겠다고 했다. 검사 결과를 평가하면서 그 의사는 찰리에게 아무 이상이 없다는 결론을 내렸다. 그럼에도 불구하고 7개월 뒤에 찰리는 러닝머신 위에서 뛰다가 가슴에 극심한 통증을 느꼈다. 그런 사실을 의사에게 알리자, 그제야 의사는 그에게 협심증 진단을 내렸다.

　보통 사람들은 심장 발작과 협심증을 자주 혼동하곤 한다. 협심증을 앓는 사람들은 스트레스 검사[8]를 할 때 질식할 것 같은 느낌과 가슴에 심한 압박감을 느낀다. 이는 하나 이상의 동맥이 막혀 있어서 검사를 하는 동안 필요한 충분한 산소와 혈액이 심장에 공급되지 않기 때문에 생기는 증상이다. 그러나 이 통증은 휴식을 취하면 몇 분 후에 곧 사라지곤 한다. 그리고 협심증은 당장 생명에 영향을 미치지는 않는다.

　찰리는 다른 심장병 의사를 찾아갔다. 그 의사는 찰리의 심장 동맥이 막혀 있는지를 감지하는 혈관 조영술을 실시했다. 혈관 조영술은 환자의 팔뚝이나 서혜부의 동맥에 탄력 있고 가느다란 관을 삽입하여 심장까지 도달시키는 방법이다. 그리고 조영제(엑스선 촬영 시에 잘 보이게 하기 위해 사용하는 물질)를 주사하여 심장으로 혈액이 어떻게 유입되는지를 검사한다. 의사는 조영술을 실시한 결과 세 개의 심장 동맥 가운데 두 개가 막혀 있다는 것을 확인해주었다. 그는 찰리의 몸에 다시 관을 삽입했다. 이번에는 '풍선'이 달려 있는 도관이었다. 이 작은 풍선이 막힌 동맥에 도달하면, 팽창과 수축을 반복하면서 협착된 혈관을 뚫는 역할을 한다.

　찰리가 나를 찾아오기로 결심한 것은 이 조영술을 받은 다음이었

---

8 스트레스 검사는 협심증이 일어나기 쉬운 정도를 판단하기 위해 시행한다. 한 곳에서 환자를 달리도록 한 다음 얼마의 속도에서 혈압이 떨어지고 협심증 증상이 나타나는가를 검사하는 방법이다.

다. 진단을 확인하고 싶었던 것이다. 그는 책과 인터넷에서 찾은 심장 관련 자료를 정리한 서류철을 가져왔다. 그러나 그때까지 받은 검사의 기록은 전혀 챙겨오지 않았다. 불안한 사람들이 보이는 전형적인 반응이었다. 게다가 그는 콜레스테롤 수치가 매우 높은데도 불구하고 콜레스테롤 수치를 낮추는 약물인 스타틴statin을 복용하고 있지 않았다. 약을 끊은 이유를 묻자, 위에 부담을 주는 데다가 그 약을 처방해준 의사를 신뢰하지 않기 때문이라고 했다. 운동을 해도 건강에 전혀 위험이 없다고 장담했던 바로 그 의사였기 때문이었다.

불안감에 시달릴 때마다 필요한 것

찰리는 불안에 사로잡힌 어린이나 청년들과는 다른 경우로, 동생이 심장 발작을 일으킨 이후에 불안증이 생긴 것이었다. 그는 자기가 심장병으로 죽을 것이라고 확신하고 있었다. 나는 그를 검사하고 심장 스트레스 검사도 실시했으나 결과는 정상이었다. 결국 다시 스타틴을 처방해주고 최대한 마음을 진정시켜주는 수밖에 없었다.

    그 후로 10년 동안 찰리는 최소한 일주일에 한 번은 전화를 했다. 병원으로 전화했을 때 내가 없으면 집으로 전화를 했다. 미세한 통증이 느껴진다고 걱정했지만 의사의 시각에서 볼 때 우려할 만한 정도는 아니었다. 찰리는 언제나 전화를 받는 사람에게 더할 수 없이

상냥하게 대했다. 어느 순간부터인가 그가 전화했을 때 내가 집에 없어도 별 상관이 없게 되었다. 찰리는 우리 식구들과 스스럼없이 통화를 했던 것이다. 근 10년 동안 내 임무는 전화로 그를 다독이는 일이었다. 그리고 그의 불안 상태가 고조되면, 내 진료실로 불러 스트레스 검사를 해주었다. 단지 모든 것이 정상이고 걱정할 필요가 없으며 검사도 수술도 할 필요가 없다는 것을 보여주기 위해서였다.

어느덧 71세를 맞이한 찰리는 은퇴를 하고 고향인 플로리다로 돌아가기로 결정했다. 그러면서 연락이 끊기고 소식이 없다가 4년 만에 다시 연락이 닿았다. 그가 내 비서에게 전화를 걸어 진료를 예약한 것이다. 그는 지난 4년 동안 플로리다의 의사들에게 조영술을 네 번이나 받았다고 했다. 나는 찰리를 검사했던 의사들에게 진료 기록을 보내달라고 요청했으며 그 모든 검사가 사소한 변화 때문이라는 것을 알게 되었다. 의사들과 이야기해본 결과, 그들은 하나같이 찰리는 너무나도 고집이 세고, 의사들을 휘두르고 통제하는 재주가 남다른 환자라고 입을 모았다. 찰리는 그들이 검사를 하지 않을 수 없도록 설득했으며, 검사 결과 심장에 약간의 이상이라도 있으면(그 나이의 환자는 누구나 심장에 이상이 있다) 치료해달라고 졸라댔다는 것이다.

나는 찰리에게 한 가지만 약속해달라고 했다. 내가 심장 전문의로서 그의 심장을 돌봐주기를 원한다면, 나 모르게 검사나 수술을 받지 않기로 말이다. 그때부터 그는 가슴 통증 때문에 플로리다에서 심장병 의사를 정기적으로 찾아가더라도, 나와의 약속은 지켜냈다. 나는 수술을 받고 싶다는 그의 전화를 받을 때마다 당장 나부터 찾아오라고 말한다. 먼저 이야기를 해야 하기 때문이다. 이런 예기치 않은 방문 덕분에 내 진료 일정이 한 시간 이상 미뤄질 때도 많았다. 결과적으로 나는 최근 3년 동안 세 번이나 그의 수술을 취소시켰다.

찰리에겐 나와의 약속이 가장 중요했다. 그의 수첩에는 지난 3년 동안의 약속 날짜와 시간이 정확히 적혀 있었다. 그는 주로 점심시간에 나를 찾아왔다. 아침 첫 비행기로 플로리다에서 출발하여 내게 검사를 받고, 그가 좋아하는 뉴욕의 박물관 중 한 곳을 방문한 다음 오후에 다시 플로리다로 돌아가는 식이었다. 재미있는 것은 그가 매번 뉴욕에 올 때마다 이번에는 내가 수술을 허락할 것이라고 확신하고 그래서 수술 받을 준비를 완벽하게 하고 온다는 점이었다.

그러다 몇 주일 전 그가 갑자기 나를 찾아왔다. 결혼을 한 것이다! 그는 부인과 함께 병원에 들어섰다. 그녀는 상냥하고 매력적이며 여성스러운 여인이었다. 실제로 그녀는 남편을 내조하는 역할을 잘 해냈는데, 그가 불안에 시달릴 때마다 그를 진정시키는 일까지 도와주고 있다. 앞으로 찰리가 몸을 잘 관리하면서 콜레스테롤 수치를 낮춰간다면 찰리의 예후는 매우 좋을 것이다.

. .

신뢰하는 관계의 중요성

찰리 같은 환자는 생각 외로 흔히 볼 수 있다. 실제로 사소한 증세에도 놀라서 시도 때도 없이 병원에 전화를 걸어대는 환자들의 수가 적지 않다. 만약 통화를 하지 못했을 경우에는 의사의 집 전화는 물론이고 심지어 휴대전화 번호까지 알아내 연락을 취한다. 이런 환자들의 특징은 의사를 통제하려 든다는 점이다. 이런 환자들을 돕는 단 하나의 열쇠는 의사에 대한 신뢰에 있다. 불안해하는 환자일수록 신뢰와 편안함을 주는 의사를 만나는 것이 매우 중요하다. 그래야 마음을 가라앉히고 스스로 조사하는 일을 그만두게 된다. 더불어 의사는 환자를 이해하되 자신이 내린 진단과 처방에 단호한 자세를 보여줄 필요가 있다.

찰리는 어떤 구체적인 상황에서 두려움을 느꼈고, 그에 대한 반작용으로 불안증을 앓고 있었다. 그의 경우에는 동생의 심장 발작과 몇 년 뒤 그에게 나타난 협심증이 그 시발점이었다. 협심증이 그의 모든 두려움을 확인시켜준 것이다. 강박적인 이 두려움 때문에 그는 정상적인 생활을 할 수 없었다.

다행히도 지금 찰리는 행복하고 안정적인 가정을 꾸렸고, 그를 괴롭혀온 두려움에서도 조금씩 벗어나고 있는 중이다. 그리고 찰리의 아내는 그의 곁에서 아주 행복하게 지내고 있다. 충분히 그럴 만하다. 지난 18년 동안 찰리를 만나오면서 나는 그가 다정하고 낙관적이며 활력이 넘치고 가슴이 따뜻한 사람이라고 확신하게 되었기 때문이다.

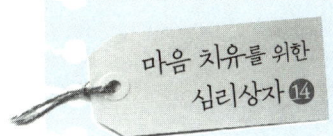

타인과 두려움을 공유하는 연습

우리 인간들은 미래의 의미를 깊이 새기면서 살아간다. 예컨대 우리는 매 순간 나중에 무엇을 할 것인지를 생각한다. 삶의 프로그램을 이성적으로 계획하는 것은 정신적 안정과 균형을 가져다주는 가장 기본적인 요소이다. 그렇기에 미래에 대한 불안감과 나약한 마음, 두려운 느낌은 신뢰와 안정감의 근본을 뒤흔들어놓는다.

불안에 적응하는 능력

찰리의 미래는 협심증 진단을 받은 그날 완전히 뒤바뀌었다. 그리고 심근경색으로 죽을지도 모른다는 강박적인 두려움이 그를 사로잡았다. 그의 동생이 심장 발작을 일으킨 사건은 우울증이 뒤섞인 불안감을 더욱 증폭시켰다. 같은 형제 중 누군가가 죽을지도 모른다는 사실은 다른 형제들에게 엄청난 혼란과 공포를 유발하고, 세상의 질서를 변하게 하며, 우리가 자연스럽게 여겼던 삶의 규칙까지도 바꾸어놓는다.

그날 이후로 불안과 허약한 마음과 초조감은 찰리의 일부가 되었다. 그나마 의사에 대한 의존도 덕분에 '앞으로 좋아질 것'이라는 희망과 '언제 죽게 될지 모른다'는 두려움 사이에서 겨우 균형을 유지할 수 있었다. 또 하나 그의 상황에 유용하게 작용한 것은 외향적이고 사교성과 친절함이 넘치는 찰리의 성격적 자질이었다. 찰리의 이런 성격은 두려움을 견딜 수 있게 해주었을 뿐만 아니라 진료를 받았던 의사들에게 계속해서 관심과 지원을 받게 해주었기 때문이다.

그렇지만 찰리가 불안감을 가라앉히기 위해 의사에게 의존하면 할수록, 의사의 도움을 받지 못할지도 모른다는 두려움은 점점 커졌다. 그럴수록 그는 의사들에게 더욱 집착했다. 찰리의 친절하고 사교적인 성품에도 불구하고, 다른 의사들은 찰리가 시도 때도 없이 걸어오는 전화를 차단했고 지나치게 의존하는 그를 부담스러워했다. 다행히도 발렌틴은 조금 다른 반응을 보여주었다. 찰리가 발렌틴과 그의 팀, 그리고 발렌틴의 가족이 주는 안정감에 중독된 것만 봐도 알 수 있다. 실제로 의사와의 친밀한 관계는 찰리에게 효과적인 불안 완화제였을 뿐만 아니라 어떤 위기가 와도 심장병의 손아귀에서 구조될 것이라는 확신을 심어준 든든한 끈이 되었다.

사람들이 불안에 적응하는 능력은 모두 같지 않다. 그것은 성격이나 성품에 따라 달라지기 때문이다. 성격은 평소에 느끼고 생각하는 방식에서, 또 심리적인 방어와 열망 그리고 자세 및 행동에서 드러난다. 때로는 삶의 계획을 위협하는 역경을 오히려 동기부여로 받아들이고 노력해보는 것만으로도 더 잘 견디는 법을 배울 수 있다. 그리고 대체로 사교적이고 유머 감각이 있는 사람들이 삶에 대한 적응력이 뛰어나며, 삶도 그런 사람들을 잘 대우하는 것처럼 느껴질 때가 더 많다.

외향성의 힘

외향성은 여러 모로 매우 유익한 성격이다. 의사소통을 통해 타인들과의 관계를 촉진시키며 그런 관계를 활용하여 도움을 얻게 해준다. 우리는 우리에게 스트레스를 주는 위협적인 현실을 말로 내뱉는 것만으로도 마음이 어느 정도 편안해지는 것을 느낄 수 있다. 그렇기 때문에 다른 사람들과 두려움을 공유하는 것은 너무나도 중요하다. 특히 우리를 잘 알고 돌봐줄 전문가들과 말이다. 그렇게 하는 목적은 나의 숨통을 트이게 하고, 현재 자신에게 일어나고 있는 일에 대해 더 많이 이해하며, 상황을 정확히 파악하기 위해서다.

말을 한다는 것은 우리의 감정을 표현하는 가장 손쉬운 방법이다. 특히 스트레스가 많은 상황에서 큰 소리로 싫은 감정과 두려움을 표현하는 것만으로도 그 감정의 강도가 줄어들고 위로가 되는 것을 느낄 수 있을 것이다. 또 다른 사람들과 대화를 나누는 것은 건강에도 도움이 된다. 말을 하다보면 변화에 적응하는 능력이 강화되며 역경을 극복하는 데도 도움이 된다. 게다가 타인들과 밀접한 관계를 맺고 있다고 생각하는 사람은 혼자라고 느끼는 사람보다 힘든 순간을 훨씬 더 잘 극복해낸다. 한마디로 인간이 혼자 고립되지 않는 것은 말을 하기 때문이다.

외향적인 사람들은 다른 사람들과 쉽게 감정을 공유하는 특성이 있다. 그래서 쉽게 친해지고, 사회적인 도움도 더 많이 받게 된다. 즐거운 관계는 불안한 상황을 견디는 능력을 강화시켜준다. 이는 부부나 가족관계에만 국한되는 것은 아니다. 사회조직에 적극적으로 참여하는 것과 우정도 안정감과 평온함을 강화시켜준다. 타인과 정서적으로 밀접한 관계를 맺는 것은 상대가 어떤 사람이건 간에 불안과 초조함이 주는 해로운 효과에 매우 유용한 예방약이 된다. 타인과 밀접한 관계를 맺으면서 의견을 나누고 소통하는 것은 보편성의 느낌을 강화시켜주기 때문이다. 가령 누구나 다른 사람들과 이야기하면서 '이런 일이 나한테만 일어나는 것은 아니구나'라고 생각하게 될 때가 있을 것이다. 이렇게 상대적인 평가를 하다보면 위협적인 상황이 주는 스트레스가 점점 줄어들게 된다.

유머 감각 역시 또 다른 예방약이다. 심지어 블랙유머도 건강에 도움이 된다. 스트레스가 많은 상황에서 희극적인 면을 발견한다면 그 자체로 두려움에서 벗어날 수 있다. 유머가 일종의 심리적인 정화제처럼 작용하기 때문이다. 유머러스한 상황은 웃음을 자아내는데, 웃음이야말로 인간의 본성이 주는 가장 값진 선물이다. 웃음의 역할은 기쁨을 표현하는 것 외에도 우리 안에 쌓인 긴장에서 벗어나고 불안감과 두려움을 떨쳐버릴 수 있게 해주는 것이다. 큰 소리로

깔깔대고 웃으면 우리 몸에 산소가 공급되고, 일상생활의 실패를 가볍게 여기게 된다. 그리고 결국 삶이 즐거워진다.

찰리는 불안 증세가 있었음에도 의사들에게 친절하고 다정했다. 심지어 의사의 집에 전화를 걸 정도로 불안이 극심한 순간에도 전화를 받는 사람에게 친절했으며 유머 감각을 잃지 않았다. 수년 동안 밤늦은 시간에 자기 의사의 집에 전화를 했는데도 의사나 그의 가족들에게 거부감을 주지 않는 사람은 찾아보기 힘들다.

찰리는 늘 붙임성이 좋고 설득력이 뛰어났다. 다른 훌륭한 세일즈맨들처럼, 찰리 역시 고객들과 좋은 관계를 유지하는 것이 중요하다는 것을 아주 잘 알고 있었다. 낙관주의자이기도 한 그는 영업사원으로서 최고의 재능을 인정받았을 거라는 생각이 든다. 분명 그는 회사가 몹시 아끼는 영업사원이었을 것이다. 다만 삶과 죽음에 관련해서는, 너그러운 심장병 전문의가 그의 구명조끼가 되어주었다.

우리는 건강한 삶을 살기 위해 다른 누구도 아닌 자기 자신이 되어야 한다. 그런 의미에서 우리가 정체성의 다양한 측면에 부여하고 있는 의미를 평가해보는 일이 중요하다. 심리학과 정신의학에서는 불안을 느끼고 자존감이 낮은 환자를 대할 때 환자가 가지고 있는 현명하고 현실적인 측면과 이상적인 측면 사이의 거리를 좁히기 위해 노력을 기울인다. 삶의 진정한 만족은 바로 이 현실과 허구의 미묘한 경계선에서 찾을 수 있다. 실제로 우리에게 진정한 기쁨을 가져다주는 것은 오히려 달성 가능한 목표이지 않던가.

5부

'나'를 만나는 시간

열다섯 번째 이야기

내가 진짜로 원하는 것은 무엇인가

- **이름** 이사벨
- **나이** 49세
- **성별** 여자
- **증상** 고혈압 환자

　이사벨의 남편은 내게 오랫동안 치료받은 환자였다. 나는 그와 꽤 친하게 지내며 그를 치료해왔는데 안타깝게도 그는 6년 전에 췌장암으로 사망했다. 이사벨의 남편이 사망한 뒤 그녀도 내게 치료를 받기 시작했다. 이사벨은 49세의 고혈압[9] 환자였는데 증세가 점점 심해지는 바람에 현재는 고혈압 약을 꼬박꼬박 복용해야 하는 처지가 되었다.

나는 아주 오랫동안 이 가족이 지나온 기쁘고 슬픈 일들의 역사를 지켜보았다. 이사벨은 겨우 열아홉 살의 나이에 그녀보다 열두 살이나 많고 이혼 경력도 한 번 있는 남편을 만나 결혼했다. 그리고 1년 뒤 첫째 아들을 낳고, 5년 뒤에는 둘째 아들을 낳았다. 그녀의 남편은 카리스마 넘치고 대담한 사람으로, 무일푼으로 사업을 시작해 뉴욕에 큰 가구공장을 세웠다. 그런데 남편이 죽자 학력도 경력도 없는 이사벨이 얼떨결에 가구공장을 떠맡아야 했고 그녀가 300명이 넘는 직원들을 관리하게 되었다. 큰아들은 캘리포니아의 한 대학에서 경영학을 전공한 후 2년 전부터 어머니를 도와 가구공장을 함께 운영하고 있었다.

이사벨에게 고혈압 증세가 나타난 것은 남편이 사망하고 남편이 세운 회사를 떠맡아야 한다는 결정을 내린 시점이었다. 그때부터 지금까지 지난 6년 동안 그녀의 혈압은 점진적으로 수치가 올라갔다. 그리고 최근 몇 개월 동안은 약을 복용해도 상태가 호전되지 않아서 매우 걱정스러운 상태가 이어졌다. 그녀는 회사를 운영하는 게 너무 힘들다고 두어 번 털어놓은 적이 있었다. 나는 일에 대한 스트레스가 그녀의 건강을 해치고 있음을 직감했다. 그러나 이사벨의 장남을 만나고 나서야 그녀가 처한 현재의 상황을 자세히 파악

---

9 일반적으로 성인의 수축기 혈압이 150~160mmHg 이상, 이완기 혈압이 90~95mmHg 이상이면 고혈압으로 취급한다. 수축기 혈압의 정상치는 120mmHg, 이완기 혈압은 80mmHg 정도이다. 고혈압의 원인은 아직 분명하게 밝혀지지 않았지만 몇 가지 요소는 알려져 있다. 과도한 염분 섭취, 유전적인 성향, 신장 질환 및 스트레스는 고혈압의 가능성을 더욱 높이는 것으로 보인다.

할 수 있었다.

그 당시 29세였던 이사벨의 아들은 어머니의 불안 증세가 걱정되어 나를 찾아온 것이었다. 내가 모든 정보를 파악하고 어머니를 만나는 것이 중요하다고 생각한 모양이었다. 아들의 말에 따르면 어머니가 회사를 운영한다는 것은 단순히 힘든 일이 아니라 거의 불가능한 일이라고 했다. 회사의 이사진들은 끊임없이 그녀의 권위를 문제 삼았으며, 그녀가 매일 내리는 모든 결정에 사사건건 시비를 걸었다. 물론 어머니의 운영 방식에 적응하지 못하는 사람은 이사진만이 아니었다. 아들 역시 어머니와의 견해 차이로 갈등을 빚고 있었다.

"어머니와 함께 일했던 2년 동안 우리 두 사람의 논쟁은 극에 달했어요. 급기야 몇 주 전에 저는 회사를 그만두고 다른 일자리를 알아보겠다고 어머니께 말씀드렸습니다. 저와 어머니는 세대 차가 심해서 결코 합의점에 도달할 수 없을 거라고 판단했기 때문이죠. 어머니는 이런 제 결정을 받아들이지 않고 화만 내고 계시지만요."

이사벨의 걱정거리는 여기서 그치지 않았다. 스물네 살의 둘째 아들 또한 그녀의 마음을 심란하게 만들었다. 이 둘째 아들은 이탈리아를 여행하던 중에 만난 가수지망생과 결혼했는데, 아들을 하나 낳고 이혼해버렸다. 이혼 후에는 여행이나 하면서 다른 나라를 탐구하겠다고 했다. 둘째 아들과 며느리는 모두 일을 하지 않았으며 이들이 이혼하자, 이사벨은 손자까지 떠안아야 하는 처지가 되었다. 며느리는 가끔 손자 녀석을 보러 올 뿐이었다.

이사벨의 큰아들을 만나고 난 뒤 나는 비로소 모든 상황을 알게 되었다. 스트레스가 고혈압의 원인이며 그녀는 회사뿐만 아니라 가족에게서도 스트레스를 받고 있었다. 나는 이사벨에게 전화를 걸어 장남이 찾아왔었다는 말을 전했다.

"이사벨, 당신 아들이 어머니를 많이 걱정하고 있더군요. 그리고 당신이 회사와 가정에서 갈등을 겪고 있다는 얘기도 들려주었어요. 먼저 그 스트레스를 해결하지 않으면, 내가 처방해준 세 가지 고혈압 약을 아무리 잘 챙겨 먹는다고 해도 당신의 병은 치료할 수 없을 거예요."

잠자코 듣고 있던 이사벨은 별다른 저항 없이 내 조언을 순순히 받아들이는 듯했다.

당신은 누구를 위해 사는가

다음 날, 이사벨은 나를 찾아와 단도직입적으로 물었다.

"선생님은 어떤 철학을 신봉하세요?"

"음…… 진정한 자기 자신의 모습으로 삶을 살아가는 것이 무엇보다 중요하지 않을까요?"

우리는 다른 사람들의 의견에 따라 행동할 수는 없다. 물론 그 '다른 사람'이 부모나 배우자나 자녀처럼 우리가 사랑하는 사람일지라도 마찬가지다. 나의 미래에 영향을 미치는 결정을 누군가를 만족시키기 위해, 실망시키지 않기 위해, 아니면 다른 사람들이 어떻게 생각할지 몰라서 내릴 수는 없다. 삶의 질은 우리가 어떤 사람이냐에 따라 달라진다. 사회가 우리에게 거는 기대에 따라 달라지는 것이 아니다.

그리고 이런 철학을 이기주의나 배려 없는 마음과 혼동해선 안 된다. 우리는 진정한 자기 자신으로 살고, 자신에 대해 만족하는 발판 위에 있을 때에만 다른 사람들과 건강한 관계를 맺을 수 있다. 그때 비로소 다른 이에게 도움을 줄 수 있는 충분한 힘과 안정감을 갖게 되기 때문이다.

이사벨은 주변을 정리하고 자신만의 삶을 살아갈 필요가 있었다. 그녀가 여러 가지 역할을 맡고 있긴 했지만 그 속에 진정한 자신의 모습은 없었다. 그녀는 직원들이 그녀에 대해 가지고 있는 생각에 전전긍긍하며 상황에 이끌려가는 사업가였다. 그리고 실패한 어머니였다. 남편이 그토록 힘겹게 세운 회사에서 큰아들이 더 이상 일을 하지 않겠다고 선언했기 때문이다. 그녀는 여전히 부모의 그늘 밑에서 유람이나 즐기는 무책임한 아들을 둔 어머니였다. 또 손자에 대한 사랑을 빌미로 아들과 며느리에게 이용만 당하는 할머니였다.

"이사벨, 우리 모두에겐 각자 한계가 있어요. 그 한계를 알고 제때에 브레이크를 밟는 것이 인생에 있어 진정 바람직한 자세일지도 몰라요. 이사벨, 내가 행복해지는 방법을 알려줄까요? 당신이 회사의 중역들에게 더 큰 책임을 위임하고 한 발짝 뒤로 물러선다면 훨씬 더 행복해질 거예요. 또 장남이 자신의 힘으로 날아올라야 한다는 것을 받아들이고, 둘째 아들에게 확실히 선을 긋는다면 당신은 분명 더 행복해질 거예요. 어때요, 어렵지 않겠죠?"

내 설명을 듣는 동안 이사벨은 아무 말도 하지 않았다. 그저 나를 뚫어져라 쳐다볼 뿐이었다. 나는 그녀 안에서 무언가 변화가 일어났다는 것을 직감했다. 그녀는 진료실을 나서면서 며칠 있다가 전화를 하겠다고 약속했다. 우리가 나눈 이야기와 내 충고에 따라 삶의 방향을 바꾸기로 결심했다는 말도 덧붙였다. 어떻게 변화를 줄 것인지는 말해주지 않았지만, 신기하게도 해결해야 할 스트레스가 있다는 것을 받아들이고 변화를 주겠다고 결심한 것 자체가 그녀의 건강에 긍정적인 효과를 발휘했다.

다른 고혈압 환자들과 마찬가지로 이사벨 역시 집에서 매일 혈압을 측정한다. 그녀가 삶에 변화를 주기로 결심하고 내게 전화를 한 날, 그녀는 기적의 약을 먹기라도 한 듯 거짓말처럼 혈압이 떨어졌다고 전했다.

스스로 행복해지겠다는 마음

환자들의 신체적인 문제를 다루는 의사들은 신체적인 병에만 집중하는 경향이 매우 강하다. 그러면서 환경에는 충분한 관심을 기울이지 않는다. 그러나 의사가 환자를 치료할 때 혈압을 재거나 심전도 검사를 하는 것만으로는 부족할 때가 있다. 오히려 환자와 가까운 사람이 문제를 해결할 수 있는 가장 중요한 단서를 제공해주기도 한다. 나로서는 이사벨이 강력한 약을 복용하는데도 혈압이 내려가지 않고, 병원에서 온갖 정밀한 검사를 다 해도 문제의 원인이 보이지 않는 이유가 잘 납득이 되지 않았었다. 이사벨의 경우, 그녀의 가정과 회사의 상황을 잘 알고 있는 사람과 대화를 나눈 것이 그 어떤 첨단 기술을 이용한 검사보다 훨씬 더 유용한 효과를 발휘하였다.

오늘날 의사들은 기술적인 부분을 뛰어넘어서 인간적인 면까지 볼 줄 아는 좀 더 완벽한 시각을 가질 필요가 있다. 최근의 과학과 기술의 발전은 놀랍고도 희망적이지만(이런 발전 덕분에 치료가 불가능했던 질병을 치료할 수 있게 되었다), 여기에만 의존해서는 한계가 분명 찾아올 것이다. 의사들이 환자와 환자 가족들과 직접 만나 이야기를 나누면서 직관과 대화를 통해 발견해나가야 하는 공간도 분명 존재하기 때문이다.

마음 치유를 위한
심리상자 ⑮

마음은 거짓말을 하지 않는다

이사벨은 비슷한 연령대의 사람들이 겪는 가장 전형적인 교차점에 있었다. 그녀는 겨우 49세의 나이에 남편을 잃었다. 그 결과 갑작스럽게 주부에서 경영자가 되어야 했다. 큰아들과는 세대 간의 갈등을 겪었으며 작은아들과는 문제가 많은 관계를 유지하고 있었다. 또 보호자의 역할을 떠맡은 젊은 할머니이기도 했다.

기업가, 어머니, 할머니……. 이 모든 역할을 완벽하게 소화한다는 것은 현실적으로 불가능하다. 더 완벽해지려고 하거나 더 이상적인 사람이 되려고 할수록, 사람들의 기대에 어긋날 확률만 더 높아진다. 우리가 '엄마라면 ~해야 할 거야', '할머니라면 ~해야 할 거야', '가장이라면 ~해야 할 거야'라고 해석하고 스스로에게 부과하는 비현실적인 책임들은 삶의 만족감을 좀먹을 뿐이다. 실제로는 자신의 성격에 맞지 않거나 심지어 인간으로서 되기 힘든 이상적인 사람이 되려고 할 때, 또는 이상적인 방식으로만 느끼고 그렇게 행동해야겠다고 생각할 때, '~라면 ~해야 할 거야'라는 말은 자신이 상처 입은 부분을 드러내는 표현일지도 모른다.

이사벨은 이상화된 가상의 역할에 사로잡혀 있었다. 그건 현실적으로 완벽히 해내기 힘든 역할이었다. 그 결과 그녀의 내면에서는 그것을 부적절하다고 느끼고 있었던 것이다. 마음은 거짓말을 하지 않았다. 위축되고 갈피를 잡지 못하고 외로웠던 그녀는 회사와 두 아들, 그리고 며느리와 손자까지 이끌고 가기 위해 안간힘을 썼다. 그러면서도 자신의 노력이 허사라는 생각은 떨쳐버릴 수가 없었기 때문에 괴로웠을 것이다.

우리는 건강한 삶을 살기 위해 다른 누구도 아닌 자기 자신이 되어야 한다. 그런 의미에서 우리가 정체성의 다양한 측면에 부여하고 있는 의미를 평가해보는 일은 매우 중요하다. 심리학과 정신의학에서는 불안을 느끼고 자존감이 낮은 환자를 대할 때 환자가 가지고 있는 현명하고 현실적인 측면과 (다소 허구적이고) 이상적인 측면 사이의 거리를 좁히기 위해 노력을 기울인다. 삶의 진정한 만족은 바로 이 현실과 허구의 미묘한 경계선에서 찾을 수 있기 때문이다. 실제로 우리에게 진정한 기쁨을 가져다주는 것은 오히려 달성 가능한 목표이지 않던가.

건강한 삶을 위한 조건

일은 우리를 자극하고 새로운 도전 의지를 불러일으키며 우리의 지적인 능력이나 신체적인 능력을 최대한 발휘하게 한다. 특히 일과 취미를 조화롭게 이끌어가면서 시간 가는 줄도 모르고 그 일에 몰두하는 사람들은 운이 좋은 사람들이다. "내가 좋아하는 일을 했더니 돈이 벌렸다"거나 "보수를 받지 않아도 일 자체가 즐겁기 때문에 괜찮다"고 말할 수 있는 사람들도 마찬가지로 운이 좋은 경우일 것이다.

사실 직장에서 받는 어느 정도의 스트레스는 현실적으로 불가피한 부분이다. 적당한 스트레스는 오히려 생활을 건강하게 이끌어가기도 한다. 그러나 과도한 스트레스가 지속될 경우, 당연히 건강에 안 좋은 영향을 끼진다. 직장에서 스트레스를 받는 원인은 매우 다양하다. 가령 회사의 요구 사항과 우리의 능력 간의 불균형이나 우리의 이익에 영향을 미치는 결정에 대한 권한 부재, 개인의 성장을 위한 자극이나 기회의 부재, 일에 대한 불안감, 그리고 동료나 상사와의 갈등 등을 들 수 있겠다. 그런데 이사벨은 이 모든 직장 스트레스를 한꺼번에 받고 있었다.

이사벨이 특히 더 스트레스를 받았던 또 다른 이유는 그녀가 운영하는 회사가 가족 기업이라는 사실이었다. 애정을 바탕으로 하는 가족관계와 이윤을 추구하는 기업의 목표가 한데 뒤섞여 긴장을 유발했으며, 이는 가족과 회사의 균형에 모두 영향을 미치는 꼴이 되었다. 이사벨 입장에서는 당연히 남편이 설립하고 운영했던 회사의 긍정적인 측면은 유지하고, 한계는 극복해나가고 싶었을 것이다.

인생을 바꾸는 유레카의 경험

이사벨은 건강을 위해서 삶의 방향을 틀어야 한다는 것을 깨닫지 못한 채 하루하루를 보내고 있었다. 그러다 그녀가 눈을 뜬 것은 발렌틴의 전화를 받고 난 뒤였다. 그녀가 그전까지 느끼지 못했던 무언가를 갑자기 깨닫는 데는 전화 한 통만으로 충분했다. 이사벨은 이 전화 통화로, 이를테면 수수께끼를 풀다가 어느 순간에 조각들을 배합하는 방법이 분명하게 보이는 그런 체험을 한 것이다.

퍼즐의 조각들이 갑자기 모두 들어맞는 이런 감각적인 순간을 우리는 '유레카Eureka!'의 경험이라고 한다. 그 안에 놀라움과 발견과 해결책이 모두 들어 있기 때문이다. 누구나 이런 경험을 해본 적이 있을 것이다. 어떤 문제의 해결책을 발견했을 때처럼 말이다. "아, 이제야 알겠다!"는 말은 우리 삶의 중요한 측면을 느끼고 행동하는 새로운 방식이 시작됐음을 알리는 외침이다.

갓난아이들은 거울을 봐도 거울에 비친 모습이 자기인 줄 모른다고 한다. 그러다 15개월이 지나면, 거울을 보고 그것이 자신의 모습임을 깨닫는다. 아르키메데스는 욕조에 몸을 담근 순간 수면이 올라가는 것을 보고 "유레카!"라고 외쳤다고 한다. 바로 그 순간 부력을 발견한 것이다. 너무나 간단해 보이는 이 원칙을 깨닫기 위해 '유레카'의 경험이 필요했던 것이다.

우리도 마찬가지다. 가령 사람들은 담배가 암과 심장 질환 및 폐 질환을 유발한다는 것을 잘 알고 있다. 심지어 담배 회사들은 담뱃

갑과 광고를 통해 이런 사실을 알리고 있다. 그럼에도 불구하고 수백만 명의 사람들이 여전히 담배를 끊지 못하고 있다. 그러니까 결국 우리에게 필요한 것은 '유레카'의 경험인 것이다. 그래야 사람들은 변화의 필요성을 깨닫게 된다. 각자의 경험 속에서 '유레카!'까지의 길은 짧을 수도 있고 멀 수도 있으며, 간단할 수도 있고 복잡할 수도 있다. 그리고 즐거울 수도 있고 괴로울 수도 있다.

정신과 치료에서 잊지 말아야 할 점은 의사들이 환자가 스스로 상황을 해결할 수 있는 힘을 갖도록 해줄 때 최선의 치료 결과가 나온다는 사실이다. 그렇기 때문에 치료의 성공 여부에 대한 책임감을 환자가 진정으로 느끼도록 해야 한다. 즉 환자로 하여금 병의 치료나 호전되는 상황의 주인공은 환자 자신이며, 본인의 인생을 만들어가는 사람도 바로 자기 자신이라고 생각하게 만드는 것이 중요하다. 환자 자신이 무의식적으로 문제를 해결하도록 노력하는 것보다 더 효과적이고 지속적인 치료 방법은 없을 것이다.

인간은 자기 스스로를 관찰하고 내면을 분석할 수 있다. 또 우리가 중요하다고 생각하는 사람들이 우리에게 보내는 메시지를 이해하는 놀라운 능력을 지니고 있다. 이런 능력 덕분에 우리는 자신의 생각과 감정 및 행동을 관찰할 수 있으며, 자신의 잘못을 설명하거나 인정하고, 삶의 우선순위를 바꿀 수도 있는 것이다. 이사벨은 발렌틴이 제안한 해결책을 받아들였기 때문에 '유레카'의 경험을 할 수 있었다. 그리고 마침내 자신의 목을 조이고, 혈압을 높이던 문제를 해결할 열쇠를 발견할 수 있었다.

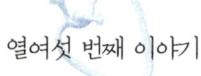

열여섯 번째 이야기

일자리를 잃은 것인가, 세상을 잃은 것인가

- **이름** 팀
- **나이** 55세
- **성별** 남자
- **증상** 부정맥

팀은 55세의 기혼 남성으로 이미 성인이 된 세 자녀(32세, 30세, 28세)를 두고 있었다. 그런 그가 부인과 함께 내 진료실을 찾았다. 몇 개월 전 그의 주치의가 심방 세동(부정맥의 일종으로 심방이 빠르고 불규칙하게 뛰면서 불충분한 수축을 보이는 것이 특징이다)이라는 진단을 내렸는데, 걱정이 된 나머지 다른 전문의의 의견도 듣고 싶어 찾아왔다고 했다.

심방 세동은 심장 리듬 장애로, 50세 이상의 사람들 중 많게는 2퍼센트 정도는 이런 증상이 있으며 심전도 검사를 통해 알아낼 수 있다. 대체로 이 병에 걸린 사람은 정상인보다 심장이 더 빨리 뛰는데 그 이유는 심장의 윗부분에 위치한 심방이 불규칙하게 수축하기 때문이다.

이들이 호소하는 가장 공통적인 증세는 가슴이 두근거리는 것이다. 물론 개중에는 산소 부족, 가슴 통증 혹은 피곤함을 호소하는 환자들도 있다. 그런가 하면 아무 증세가 없는 경우도 있다. 어떤 경우에는 원인도 없이 세동이 일어날 수 있으며, 또 폐 질환이나 특정 약물 혹은 알코올의 과다 섭취로 인해 발생할 수도 있다. 알코올에 의한 경우는 아주 흔하게 볼 수 있는데, 나는 알코올 과다 섭취로 인한 심장 박동 이상 환자를 최소 일주일에 한 명 정도는 검사하고 있다.[10]

팀은 최근에 음주량이 엄청나게 늘었다고 고백했다. 그래서 혹시 자신의 문제가 알코올 때문인지 궁금해했지만, 과도하게 술을 마시는 이유는 설명하지 못했다. 대신 그의 아내가 설명해주었다.

"남편은 1년 전에 해고를 당했어요. 회사의 인사과에서 오랫동안 근무해왔는데 말이죠. 회사는 사전에 예고도 없이 '구조조정을 하지 않을 수 없게 되었으며, 당신도 많은 구조조정 대상자 가운데 한

---

[10] 환자가 매일 여섯 잔 이상의 술을 마시면 부정맥의 위험이 두 배로 높아진다. 식사 시 포도주 한두 잔 정도를 마시는 적당량의 음주와 지나친 소비의 차이는 엄청나다.

사람이다'라고 통보해왔어요. 그날 팀은 밤새도록 거실 소파에 앉아 아무것도 하지 않고 오직 텔레비전만 봤어요. 그 뒤로는 신문도 읽지 않고, 먹는 것도 잊은 것 같았고, 잠도 거의 자지 않았죠. 그리고 다른 사람들과 의사소통하는 것을 점점 어려워하기 시작했어요. 몇 시간이고 텔레비전 화면만 응시한 채 맥주 캔만 계속 비워대는 날들이었죠. 또 어떤 때는 코냑을 마시면서요."

팀의 아내가 말한 것들은 팀의 우울증 증세를 완벽하게 설명하고 있었다.

팀은 술을 과도하게 마신 탓에 심방 리듬 장애가 생겼다. 그리고 술을 마시는 이유는 우울했기 때문이었다. 그러니까 근본적인 문제는 우울증이었다. 그에겐 정신과 의사의 도움이 필요했다. 그의 우울증을 치료한다면, 다른 문제도 해결할 수 있을 것이다. 나는 팀에게 믿을 만한 정신과 의사를 추천했다.

사실 우리 모두는 실직에 노출되어 있다. 기업의 이동(합병, 인수, 구조조정)이 빈번한 현대 사회에서 우리의 일자리는 영향을 받지 않을 수 없다. 또 누구나 언젠가는 직장을 그만두게 된다. 이유는 아주 다양하다. 해고, 명예퇴직 혹은 오랜 직장 생활 후의 퇴직 등……. 그러므로 그 순간이 닥쳤을 때 우리 스스로가 여전히 쓸모 있는 존재라고 느끼게 해주는 다른 통로를 찾는 것이 중요하다. 그중 한 가지가 바로 자원봉사이다. 오랜 경험과 그동안 습득한 지식을 가지고 사회를 돕는 일 말이다.

팀을 담당한 정신과 의사는 맡은 역할을 훌륭하게 해냈다. 심리

요법과 약물로 그를 치료했다. 팀의 아내도 팀의 치료를 옆에서 도왔다. 그리고 몇 개월 후부터 팀은 한 재단을 돕기 시작했다. 할렘의 어린이들에게 좋은 건강 습관을 가르쳐주는 활동을 하는 재단이었다. 그는 또 알코올 중독자 협회에도 자원봉사자로 등록했다. 습관적으로 맥주를 마시다가 알코올에 중독되었던 경험 덕분에 그는 중독에서 벗어나지 못하는 사람들의 어려움을 이해할 수 있었다.

너그러운 태도와 에너지 그리고 타고난 능력 덕분에 팀은 현재 두 기관에서 중요한 책임을 맡고 있다. 어찌나 바쁜 자원봉사자가 되었는지 텔레비전을 볼 시간도 없으며 술은 입에도 대지 않는다. 그리고 팀의 삶이 잃었던 리듬을 되찾자, 그의 심장 역시 리듬을 되찾았고 심방 세동도 완전히 사라졌다.

남을 돕는 것이 곧 나를 돕는 것

자원봉사자는 아직까지 우리 사회에서 합당한 가치를 인정받지 못하고 있다. 우리 모두는 사회를 위해 매우 유용하게 쓸 수 있는 지식과 자질을 가지고 있는데도 말이다. 우리는 살면서 언제든지 자원봉사자가 될 수 있으며 우리의 능력(힘, 창의력, 관대함)을 사용할 수 있다. 또 직장에서 평생 쌓은 경험을 더 나은 세상을 건설하는 데 사용할 수도 있다. 예를 들어 경제학자는 재단의 회계를 맡아볼 수 있으며, 은퇴한 신문기자는 어느 조직의 잡지를 만들 수도 있고 대변인이 될 수도 있다. 전직 교사는 어린아이들을 가르칠 수 있고, 운동선수는 체육 활동을 활성화시키고, 요리사는 건강한 식습관을 홍보할 수 있을 것이다. 자원봉사에 시간을 더 많이 쓸 수 있는 사람도 있고 덜 내는 사람도 있을 것이다. 그러나 그것은 별로 중요하지 않다. 중요한 것은 다른 사람을 돕는다는 사실이다.

우리가 다른 사람들을 돕는다는 것은 결국 우리 자신을 돕는 것이다. 도덕군자가 하는 말처럼 들리겠지만, 그것이 사실이다. 자원봉사를 조금이라도 해본 사람들은 자신이 주는 것보다 받는 것이 더 많다고 고백한다. 나 같은 경우에는 건강을 증진하기 위한 다양한 프로젝트를 실행하고, 그것이 사회에 미치는 실제적인 영향을 관찰하는 봉사활동을 하며 만족감과 삶의 활력을 느끼고 있다. 내게도 자원봉사 활동은 의사라는 직업과는 별개로 인생에 활력과 도전과 희망을 불어넣어주는 또 하나의 가치 있는 일이다.

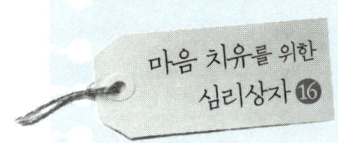

현실 도피로는 해결할 수 없다

　많은 사람들이 일은 자신의 일부이며 희망이고 삶의 의미라고 입을 모아 외친다. 그래서 자신의 의지와 상관없이 실직을 하게 되면 정체성 전부를 잃은 것처럼 느끼며 사기가 심각하게 떨어진다. 자존감과 스스로에 대한 신뢰 그리고 삶에 대한 통제력도 손상된다. 게다가 굴욕감, 거부감, 무력감이 증가한다. 이처럼 평생 동안 일에서 즐거움을 찾고, 일이 사회적으로 인정을 받는 주된 원천이었던 사람들에게 강제 퇴직은 불안과 사기 저하의 원인이 된다. 삶에서도 강제 은퇴 당하는 것처럼 느껴지기 때문이다.

　팀도 오랜 세월 노력과 헌신을 기울인 직장에서 갑자기 해고를 당하자 공허감과 허무함을 느꼈다. 더욱 커져가는 좌절감과 상실감을 바라보면서 팀은 현실에서 도피하고 사람들과의 관계를 끊음으로써 고통을 가라앉히려고 했다.

　팀은 자신의 일을 중시하는 사람이었다. 그래서 해고를 당했을 때, 그는 깊은 상처를 받았으며 한순간에 쓸모없는 존재가 된 느낌을 받았다. 그러면서 점차 삶에 대해 무감각한 태도를 취했으며 모든 것을 어둡게만 보았고, 알코올과 텔레비전으로 자신의 의식을 속였다. 사랑하는 사람들과도 거리를 두었으며, 삶을 즐기는 능력과 삶의 의욕조차 점점 잃어갔다.

심장 전문의인 발렌틴과 정신과 의사와 팀의 아내, 이 세 사람의 협력은 매우 효과적이었다. 직장을 잃은 남편이 성격까지 변했다는 것을 발견한 사람은 아내였다. 발렌틴은 근본적인 문제는 심장이 아니라 마음에 있다는 것을 알아챘다. 구체적으로는 자존감과 정체성의 상실이 문제였다. 팀은 결국 모두의 노력으로 회복할 수 있었다. 그러나 이 경우에 가장 효과 좋은 치료약은 '이타주의'였다.

이타주의의 위력

우리 인간이 유전적으로 이타주의의 경향을 타고났으며, 그런 경향이 종의 진화와 개선에 원동력이 되고 있다는 것을 보여주는 과학적 자료들은 날이 갈수록 많아지고 있다. 심지어 두 살짜리 어린아이들도 가까운 사람들의 고통을 보면 심란해하며 그들을 위로하려 든다. 강한 연대감으로 뭉친 사회가 이기주의로 쪼개진 사회보다 더 많이 발전한다는 것은 이미 확인된 사실이다.

우리 인간은 수천 년 동안 진화를 거듭해온 동정적인 성향을 가지고 있다. 인간의 선량함을 칭찬하면서 진화를 떠올리는 사람들은 거의 없겠지만 말이다. 눈부신 보석의 아름다움 역시 수백 년 동안 바위의 압력을 견딘 덕분에 얻은 결과이지만, 보석을 보면서 그 사실을 떠올리는 사람은 거의 없듯이 말이다. 더구나 우리는 인간의 선량함을 소중하게 여기지 않을 때가 많다. 그저 당연한 일로 생각하기 때문이다. 역사나 언론에서도 그 가치를 제대로 평가해주지 않는다.

사실 아직까지 많은 사람들이 이타적인 행위를 보면서 놀라움과 회의적인 생각을 갖곤 한다. 특히 극적인 상황에서는 더욱 그렇다. 인간의 본성에 더 가까워 보이는 이기심과 상반된다고 느끼기 때문이다. 그래서 거부감을 갖는 것이다. 또 숨은 이익을 노린 행동이거나 이상한 노이로제 증세에 의한 행동이라고 생각하며 무시해버리는 사람들도 있다. 이런 사람들은 이타적인 행동을 의심하는 것이야말로 똑똑하고 현실적인 반응이라고 생각하는 것 같다.

그러나 타인을 위해 우리 자신을 희생하거나 심지어 우리의 행복을 대가로 지불하는 것은 상호관계와 사회적 존중을 증진시키는 일이다. 그러면서 우리는 사회의 생존에 기여하는 것이다. 그뿐만이 아니라, 주변 사람들을 도우려는 자세는 만족감과 행복을 가져다주는 원천이 된다. 그렇기 때문에 그토록 많은 사람들이 행복을 얻는 최선의 방법은 다른 사람에게 행복을 주는 것이라고 말하는 것이 아니겠는가.

행복의 원천을 다각화하라

평균 수명이 길어지고 기술의 발전 덕분에 노동 시간이 줄어들면서, 여가의 질이 재평가되고 있다. 오늘날 여가 시간은 가장 중요한 기쁨의 원천으로 전환되었다. 서구 사회에서는 여가 시간을 보내는 매우 바람직한 활동으로 자원봉사가 주목받고 있다. 이는 좋은 소식이 아닐 수 없다. 우리의 관대함을 이끌어내는 일은 그 일을 하는 당사자에게 매우 건강한 영향을 미치기 때문이다.

우선 자원봉사 일은 만족스러운 관계를 형성하고 유지하기 위한 수단이다. 새로운 친구를 만들고 우리와 비슷한 불안감을 가지고 있는 사람들과 관계를 맺으며 소속감을 느낄 수 있다. 게다가 조화로운 공존과 연대감은 우리 안에서 기쁜 감정을 자극하고, 불행이 남긴 해로운 결과를 효율적으로 해독시켜주는 역할을 한다. 한 연구 결과에 따르면 자신이 따뜻한 사회의 일부라고 느끼는 사람들은 삶에 대한 만족감이 더 높은 것으로 나타났다.

비록 일주일에 한 시간 정도만 활동하는 자원봉사자일지라도 그들은 불안감을 덜 느끼며, 잠도 더 잘 잔다. 그리고 알코올이나 마약에 빠질 확률도 상대적으로 낮으며, 자존감도 높다. 자원봉사가 만성 통증과 우울증을 경감시켜준다는 연구 보고도 적지 않다. 자원봉사 활동은 우리의 개인적, 사회적 정체성에도 영향을 준다. 즉 스스로 유능한 사람이라는 자부심을 갖게 해주며 사회의 운영과 개선에 참여하는 기쁨을 보상으로 가져다준다. 스스로를 사회에 유용한 존재라고 생각하거나 타인의 삶에 긍정적인 영향을 미친다고 느끼는 사람들은 자신이 무능하고 쓸모없는 존재라고 느끼는 사람들보다 삶에 대해 더 긍정적인 관점을 갖게 된다. 그리고 일상적인 어려움이 닥쳤을 때에도 더 잘 견디는 경향이 있다.

이런 주제를 다룰 때마다 나는 프랑스의 작가 시몬 드 보부아르Beauvoir가 자신의 저서 《노년》에서 삶에 활력을 불어넣고 의미를 더하기 위해 우리에게 제시한 처방전이 떠오른다. "사람, 집단, 프로젝트 혹은 대의에 헌신하기. 사회, 정치, 지성, 혹은 예술에 전념하기. 우리가 우리의 내면에 갇히지 못하게 하는 강렬한 열정을 찾기……. 사랑, 우정, 동정심을 통해 타인들의 삶을 소중히 여기기."

자원봉사의 또 다른 장점은 행복의 원천을 다각화된 시각으로 바라볼 수 있게 해준다는 점이다. 체계적이고 조직적인 자원봉사 업무는 가정의 불행이나 실직의 충격을 완화해준다. 투자가들이 모든 자산을 한 사업에 투자하지 않는 것과 같은 이치다. 우리의 삶에서도 행복의 원천을 다각화하는 것이 바람직하다.

마지막으로 자원봉사는 정신과 육체에 모두 매우 바람직하다. 자원봉사는 '최고의 사업은 공통의 행복'이라고 하는 자연의 법칙과 일맥상통하는 활동이다. 다른 사람들을 도와줄 때, 우리는 우리 스스로를 돕는 것이다. 그리고 공통의 선善은 모두에게 도움을 준다.

흔히 모든 이야기에는 교훈이 있다고 말한다. 팀의 감동적인 이야기에는 부처의 고귀한 진리가 말해주는 것과 같은 교훈이 담겨 있다. "인생은 어렵지만 모든 문제의 원인을 자신에게 돌린다면 어려움은 극복할 수 있다. 그리고 어려움을 극복하지 못하게 가로막는 장애물도 뛰어넘을 수 있다."

열일곱 번째 이야기

어떻게 죽을 것인가

- **이름** 에르네스트
- **나이** 70세
- **성별** 남자
- **증상** 심장에 문제가 있고 암 수술을 받은 적이 있음

에르네스트를 처음 만난 것은 1980년대였다. 그가 두 번째 부인과 함께 처음으로 내 진료실에 들어서던 때가 지금도 눈에 선하다. 그 당시 그는 50세였고 그의 아내는 30세였다. 에르네스트는 오래된 액자와 보석을 손보는 수리점을 운영하고 있었다. 그는 집안 분위기 때문에 몹시 걱정을 하고 있었다. 전처와의 사이에 난 두 딸들과 두 번째 부인의 관계가 원만하지 않았기 때문이다. 그리고 몇 년

뒤 두 번째 부인과의 사이에서 두 아이가 태어나자 이런 긴장감은 더욱 고조되었다.

에르네스트가 나를 찾아온 이유는 '승모판 탈출증'이라는 진단을 받았는데 이를 확인하기 위해서였다. 승모판은 심장의 왼쪽에 있는 좌심방과 좌심실을 구분하는 문으로, 열리고 닫히면서 혈액의 흐름을 조절한다. 혈액은 한 방향으로만 흐른다. 즉 심방에서 심실로만 흐른다. 그래서 승모판이 제대로 작동하지 않으면 혈액이 제대로 순환되지 않아 심실에서 심방으로 역유입된다. 이런 혈액이 누적되다 보면 심각한 경우 폐에 혈액이 넘쳐흘러 특히 운동 시에 호흡이 가빠진다. 증상이 심해지면 결국 수술을 해야 하는데 이런 증세를 가진 사람들이 의외로 많은 편이다.

에르네스트의 승모판 탈출증 증세를 진단한 의사는 그에게 수술할 필요는 없다고 조언했다. 그러나 내 의견은 정반대였다. 에르네스트를 검사해본 결과, 목의 정맥이 움직이는 것이 느껴졌다. 이는 손상된 승모판이 심장의 오른쪽 부분과 폐에도 영향을 주고 있다는 것을 의미했다. 심장도관 검사를 통한 진단으로 내 예상을 확인할 수 있었다. 실제로 혈액이 심장의 오른쪽으로 역유입되고 있었으며, 그 결과 폐의 압력이 높아져 있었다. 나는 혈액의 흐름을 교정하기 위해 승모판을 수선하는 수술이 필요하다는 결정을 내렸다.

수술을 하고 몇 주일이 지나 에르네스트는 건강을 거의 회복했다. 그리고 이제 자전거를 타도 괜찮겠냐고 물었다. 그는 자전거를 타는 것이 취미였다. 그건 나도 마찬가지였다.

나는 환자와 의사가 친밀한 우정을 쌓는 것을 지지하는 사람은 아니지만, 그가 내 삶에 낙관주의와 활력을 불어넣어주었다는 것은 인정하지 않을 수 없다. 우리는 부부 동반으로 함께 저녁 식사를 하곤 했다. 어느 여름에는 유럽으로 가족 여행을 떠나 일주일 동안 휴가를 즐긴 적도 있었다.

나는 환자들에게 어디까지나 나는 심장병 전문의이고, 그들에겐 주치의가 필요하다는 사실을 상기시킨다. 그런데 에르네스트는 주치의처럼 나를 대했다. 이런 환자들은 감기에 걸리거나 조금만 열이 나도 내게 전화를 걸어 증상을 말하고 상담하려고 한다. 이는 절대 피해야 하는 상황이다. 여러 이유가 있지만 한 가지만 들자면 전화 상담은 오진의 가능성을 품고 있기 때문이다. 그리고 환자가 의사의 친구인 것도 문제가 된다. 에르네스트는 심장과 상관없는 문제로 자주 내게 전화를 해왔다. 단적으로, 언젠가는 그에게 비아그라 복용량을 추천해준 적도 있었다.

그러니 어느 날 에르네스트가 등이 결리는 통증을 느꼈을 때도 나를 먼저 찾은 것은 당연했다. 당시 에르네스트는 65세였다. 그를 병원으로 불러 여러 가지 검사를 실시한 결과, 에르네스트가 폐암에 걸렸고 암세포가 뼈로 전이된 것이 발견되었다. 그는 상상 이상으로 긍정적인 사람이었다. 자신의 상태를 차분히 받아들이고 방사선 치료와 화학 요법을 모범적으로 완수했다. 그의 몸은 아주 잘 대응했으며 한동안은 건강에 이상이 없는 듯했다.

그러나 몇 년 뒤 그의 아내가 전화를 해, 에르네스트가 갑자기 말을 못하고 마비 증세를 보인다고 했다. 그는 입원을 했고 뇌출혈 진단을 받았다. 뇌까지 전이된 것이다.

우리는 신경 재활 치료를 위해 에르네스트를 입원시켰다. 그러나 2주일 뒤 치료를 포기해야만 했다. 재활 치료 후에 증세가 더 악화되었기 때문이다.

이런 상황에서 담당 의사와 환자의 가족은 갈림길에 서게 된다. '환자를 계속 병원에 입원시켜야 할까? 아니면 집으로 데려가야 할까?' 에르네스트는 병원에 있었고 4주 뒤에 혼수상태에 빠졌다.

삶과 죽음의 갈림길에서

결국 내 친구 에르네스트의 상태가 더 악화되고, 우려하던 일이 터진 것이다. 에르네스트가 혼수상태에 빠진 지 몇 시간 후에 네 자녀가 병원에 도착했다. 전처의 두 딸과 두 번째 결혼에서 얻은 두 아들이었다. 딸들은 29세와 28세였으며, 아들들은 각각 19세와 18세였다. 나는 부인과 네 자녀들과 만나 에르네스트가 24시간 동안 환자를 돌보는 간병인의 도움을 받으며 집에서 지내는 것이 좋겠다는 의견을 말했다. 그의 아내와 두 아들은 나의 의견을 이해해주었다. 그러나 에르네스트의 두 딸은 그럴 준비가 되어 있지 않았다. 큰딸은 무슨 일이 있어도 아버지를 회복시키고 싶어 했다. 그녀는 "죽음을 맞기 위해 병원을 나서는 일은 절대 용납할 수 없다"고 말했다.

이렇게 가족 간에 의견이 엇갈리자, 중립적인 다른 의사의 의견을 물어보기로 했다. 이 사례를 검토한 한 신경과 의사 역시 나와 같은 결론에 도달했다. 그러나 이번에도 큰딸은 그 의견을 묵살하고, 자신이 선택한 의사의 의견을 더 들어보겠다고 했다. 그 의사는 의학계의 거물인사였다.

이 모든 것이 시간과의 싸움이었다. 그런데 세 번째 의사는 다른 도시에 있었기 때문에 제시간에 도착하지 못했다. 우리 모두가 에르네스트의 병실에서 그를 기다리는 동안, 에르네스트의 심장이 정지하고 말았다. 큰딸의 요청으로 그를 돌보던 의료진이 심장 소생술을 실시하자 에르네스트의 맥박은 다시 살아났다. 그러나 두 시간 뒤 다시 심장이 정지했다. 이번에는 그의 부인과 나의 만류로 심장 소생술을 실시하지 않았다.

나는 위기의 상황에서 가족 간의 긴장이 더욱 고조된다는 것을 경험을 통해 잘 알고 있다. 위중한 환자를 돌보는 의료진에게는 합의에 도달하지 못하고 논쟁을 벌이는 가족들을 대하는 것이 몹시 힘든 일이다. 특히 환자가 배다른 자녀들을 둔 경우에는 이런 언쟁이 꼭 벌어진다. 물론 같은 부모에게서 난 자녀들끼리도 각자 자신의 생각만 내세우며 싸우고 경쟁하는 경우가 적지 않다. 무엇보다도 중간에 돈이나 가족의 회사가 걸려 있는 경우에는 언쟁이 더욱 길어진다.

에르네스트의 큰딸은 아버지가 두 번째로 심장이 정지되었을 때 심장 소생술을 포기한 것을 결코 용납할 수 없다고 했다. 실제로 그녀는 얼마 뒤 나를 고소했다. 그러나 그녀가 의뢰한 변호사는 고소를 취하하는 것이 좋겠다고 조언했다. 어떤 판사도 그녀 편을 들어주지 않을 것이기 때문이었다.

마음 치유를 위한
심리상자 ⑰

죽음을 대하는 여러 가지 시선

　의사와 환자 간에 개인적으로 우정을 쌓는 일은 예상 외로 바람직하지 않다. 애정 어린 감정이 객관적으로 평가해야 할 문제를 흐리게 하기 때문이다. 그럼에도 불구하고 이따금 의사들의 삶에 들어오는 환자들이 있다.
　특히 정신과 의사나 혹은 심리학자의 경우라면, 환자와 정서적으로 건강한 거리를 유지하는 것이 더욱 중요해진다. 한편으로는 정신과적 평가를 하려면 환자로 하여금 생각과 의견, 매우 사적인 공상 및 감정까지 표현하게 해야 한다. 의사가 친구나 가족처럼 자신을 판단하지 않을 거라는 신뢰를 바탕으로 말이다. 이때 치료를 위한 관계가 치료와는 상관없는 감정에 의해 영향을 받거나 우정 때문에 좌우되지 않는 것이 중요하다.
　에르네스트의 이야기는 환자와 가족이 겪는 힘든 시기에 관한 많은 측면을 잘 보여주고 있다. 또 이 시대 도시에서 고독한 죽음을 맞이하는 환자를 지켜봐야 하는 의사의 어려움도 담고 있다. 과거에는 환자들이 집에서 친지와 가족들에게 둘러싸여 죽음을 맞이한 반면, 오늘날은 대다수가 헤아릴 수 없이 많은 케이블과 관과 생명줄에 연결된 채 병원에서 사망한다. 사랑하는 사람들과 함께 조용하고 고결한 마지막 순간을 보낼 기회를 빼앗긴 채 말이다. 오늘날 병원의 문화는 환자가 마지막을 미리 예측하여 대응하고, 가족들이 임종의 순간을 지키고, 환자가 사망한 후에 이어지는 개인적이고 사회적인 의식을 공유하는 것을 결코 허용하지 않는다.

삶에서 맞게 되는 자연스러운 사건

의학의 발전은 인간의 장수長壽에 승리를 가져다주었지만 죽음의 과정을 비인간적으로 만든 것도 사실이다. 인간이 굴복시킬 수 없는 자연의 측면을 정복하려는 노력, 즉 생명 연장의 약속 뒤에는 참을 수 없이 긴 고통의 위협이 도사리고 있다는 점을 우리는 간과하고 있는지도 모른다. 한 인간을 그의 욕구나 감정과는 상관없이 인위적으로 살아 있게 하는 것은 막강한 기술의 경솔한 모험이자, 인간은 유한한 존재라는 전제 조건을 부인하는 결정이 아닐까.

사람이 자신의 삶을 언제, 어떻게 끝낼 것인지를 결정할 권리가 있는지 없는지에 관한 문제는 격한 감정과 뜨거운 논쟁을 불러일으킨다. 어떤 사람들은 이 문제를 가장 기본적인 자유의 문제라는 관점에서 바라본다. 반면 안락사는 그것이 비록 자발적이고 참을 수 없는 고통을 덜어주기 위한 것일지라도 문명사회에서는 용납될 수 없는 일이며 비윤리적인 행위라고 생각하는 사람들도 있다.

종교적인 이유 때문에 안락사를 무조건 반대하는 사람들도 있다. 이런 사람들에게는 인간이 죽음을 통제하는 것을 금지하는 신의 명령이 절대적이다. 그리고 극심한 고통을 호소하는 환자의 치료가 불가능한 것과는 상관없이, 이들에게 죽음을 유발한다는 것은 결코 자비로운 일이 아니다. 이들은 생명을 무한한 가치를 가지고 있는 것으로 여기기 때문에 그것을 끊는다는 것은 언제나 부도덕한 일로 받아들인다. 한편 2500년 전 히포크라테스가 했던 유명한 맹세를 인용하여 반대하는 사람들도 있다. "나는 누군가가 아무리 간청한다 해도 결코 죽음의 마약을 주지 않을 것이며, 그와 유사한 행위도 절대 하지 않을 것이다."

안락사의 형태로 의학이 환자의 생명을 조정할 수 있다는 생각을 사회가 용납하는 것은 순전히 경제적인 편리성에 의한 것이라고 말하는 사람도 적지 않다. 이들은 이런 경제적 논리는 인간 존재의 가치를 평가 절하하는 것이라고 주장한다. 아무리 환자가 그것을 원한다 할지라도 말이다. 그들은 이런 예를 들어 자신들의 주장을 뒷받침한다. 가령 병원이 심각한 질병에 걸렸지만 의료보험이 없거나 엄청난 치료비를 감당할 수 없는 사람들의 치료를 거부하는 경우가 있을지도 모른다는 것이다. 또 환자들 중에도 가족들에게 경제적으로나 감정적으로 부담을 지우는 것을 걱정한 나머지 안락사를 신청하고 죽음을 선택하는 환자들도 있을 수 있다는 것이다.

환자의 죽음만큼 의사의 인도주의를 더 날카롭게 시험하는 상황이 또 있을까. 신체적 질병을 치료하는 의사들 중에 임종을 앞둔 환자를 회피하려고 하는 의사들도 많다. 죽음 앞에서는 자신의 지식이 부족하고 자신이 무능하다는 괴로운 현실에 직면하기 때문이다. 죽음에 대한 두려움에서 벗어나고자 임종이 다가온 환자들과 거리를 두는 의사들도 있다. 그러나 이런 행동은 인도주의의 중요한 부분을 접할 수 있는 기회를 놓치는 것이다.

근본적으로 우리는 죽음이 자연의 흐름이라는 사슬에서 발생하는 정상적인 사건이라는 것을 잊고 있다. 죽음이란 질병과 맞서 싸운 힘겨운 전투에서 질 때 발생하는, 육체의 작동이 멈추는 현상이다. 그러나 이런 환자의 적敵은 죽음도 아니고 질병도 아니다. 죽어가는 사람에게 가장 큰 적은 고독과 고통 그리고 모욕감이다. 그래서 생명 연장과 죽음의 갈림길에 놓인 환자에게 의사의 도움이 필요하다는 사회적 외침이 최근 들어 점점 더 공감을 얻고 있는 것이다.

인생의 마지막을 맞은 에르네스트의 이야기는 의료 기술의 발전 덕분에 죽음이 점차 자연스러운 사건에서 인간의 결정으로 이동하고 있다는 점을 잘 보여주고 있다. 또 의사, 환자 그리고 환자 가족들 간의 관계에 죽음이 어떤 과제를 남기는지를 깨닫게 해준다.

잘 죽는다는 것은 어떤 것인가

누구에게나 자신의 죽음을 미리 계획한다는 것은 결코 쉬운 일이 아니다. "우리 모두 하늘나라에는 가고 싶어 하지만, 죽고 싶어 하는 사람은 아무도 없다"라는 속담처럼 말이다. 반면에 우리 모두는 무의식적으로 영원한 삶에 대한 환상을 가지고 있다. 실제로 인간은 정신적인 에너지의 대부분을 죽음을 회피하거나 부인하는 데 소모하곤 한다.

이 세상을 떠나는 순간을 잠깐 떠올려볼 때, 대부분은 순간적인 죽음이나 자면서 맞는 죽음을 갈망할 것이다. 그래야 임종의 고통을 피해갈 수 있기 때문이다. 이따금 우리는 우리의 마지막 모습을 그려보게 되는데 이때도 대체로 조용하고 품위 있는 모습을 상상한다. 품위 있는 죽음은 목숨이 끊어지는 마지막 순간을 우아하게 맞이하고 싶은 우리의 욕구를 가장 잘 상징하는 모습일 것이다.

그러나 한편으로는 행복한 죽음도 존재한다는 것을 밝혀두고 싶다. 오랫동안 의사로 일하면서 죽음을 목격하고 두려움에 떨었던 적도 있었다. 그렇지만 개중에는 이 마지막 사건을 사랑과 연대감과 존경을 표현하고, 지금까지 감춰왔던 힘과 덕을 발견하는 기회로 삼은 환자와 가족들도 많았다. 이 세상을 떠난다는 것은 남아 있던 일을 완성하고, 묵은 상처를 치료하고, 편견을 극복하며, 피해갈 수 없는 죽음과도 타협할 수 있는 유일한 가능성을 제공한다.

죽음을 기다리는 순간이 꼭 고통스러운 시간일 필요는 없다. 진실하고 다정한 사람들과 같이 있는 것만으로도 환자의 고독감은 크게 줄어든다. 임종을 앞둔 많은 사람들에게 이 마지막 순간은 깊은 의미를 담은 감정을 느낄 수 있는 가능성을 열어준다. 이 결정적인 순간에 느껴지는 차분함과 다정함, 이해력 그리고 헌신은 사람들을 하나로 묶어준다. 전에는 결코 체험하지 못했던 특별한 방식으로 말이다. 이 순간에는 아픈 기억을 회피하지 말고 환자의 신체적 고통을 다정하게 돌봐줄 수 있는 냉철한 자세가 필요하다.

 죽어가는 순간과 사랑하는 사람에게 보살핌을 받는 순간을 공유하는 것은 매우 숭고한 시험이다. 죽음의 차원에서 마지막 작별은 생명 탄생의 신비처럼 너무나도 친밀하고, 소중하고, 잊을 수 없는 순간으로 남기 때문이다.

열여덟 번째 이야기

살아가는 법과 늙어가는 법

- **이름** 질
- **나이** 92세
- **성별** 남자
- **증상** 신체적, 정신적 활동이 활발한 심장 발작 환자

질은 국제적으로 명성을 떨친 프랑스의 조각가로, 80세 때 처음 나를 찾아왔다. 협심증 때문이었다. 혈관 조영술을 실시한 결과, 심장 혈관 두 군데가 막혀 있었다. 나는 그에게 검사 결과를 설명하면서 특별히 걱정할 필요는 없으며 매년 정기검진을 받는 것으로 충분하다는 소견을 전달했다. 내 설명을 흥미롭게 듣고 난 그는 꽤 예리한 질문을 던져 나를 놀라게 했다. 나는 그의 진료 기록에 이렇게 적

어 넣었다. "질의 질문은 심장병 전공의 의대생들보다 더 상세하고 깊이가 있다." 질은 삶에 대한 호기심이 대단했으며 예술에 대한 관심은 끝이 없었다. 그는 인간적인 수준을 뛰어넘은 듯했다. 그는 마치 르네상스 시대의 예술가 같았다.

질의 삶은 충분히 매력적이다. 그는 파리에서 태어나 소르본 대학에서 예술을 전공했고 스물세 살 때 첫사랑과 결혼했다. 베이징에서 10년을 살고 난 이 부부는 런던으로 이사했다가 마침내 뉴욕에 정착했다. 그 와중에 질은 역사와 철학을 공부했다. 현재는 전 세계에서 가장 이름 있는 박물관에 그의 작품이 전시되어 있다. 뉴욕, 베이징, 런던, 상파울루에 갤러리를 가지고 있으며, 200명이 넘는 예술가로 구성된 팀과 일하고 있다. 이런 성공에도 불구하고 그는 여전히 초심을 잃지 않고 열심히 일하고 있다. 조각을 하고 설치하는 일을 할 뿐만 아니라, 피아노와 바이올린을 연주하며, 8개 국어를 말하고, 운동도 매일 한 시간씩 빼놓지 않고 한다. 심지어 외국으로 여행도 떠난다. 그의 부인은 그가 어딜 가건 항상 그와 함께 다녔다. 두 사람은 실과 바늘처럼 떨어지는 법이 없었다.

처음 검사를 했을 때부터 지금까지 질은 내가 조언한 대로 6개월에 한 번씩 나를 찾아오고 있다. 그런데 몇 년 후에 스트레스 검사를 실시했더니 대동맥 판막이 좁아져 있었다(심장학에서는 '대동맥 판막 협착'이란 이름으로 알려져 있다). 그 연령대의 환자에게 나타나는 가장 전형적인 증세였다. 그는 대동맥 판막의 협착으로 인해 생길 수 있는 결과를 알고 싶어 했다. 구체적으로, 이 병이 목숨을 위협할 가능성이 있는지를 궁금해했다. 나는 좀 더 지켜보고 증세가 심해지면 수술을 하겠다고 대답했다.

몹시 걱정이 된 그의 부인은 남편이 일과 여행을 그만두기를 바랐다. 그러나 나는 그토록 역동적이고 호기심 많은 사람의 날개를 꺾는 것은 중대한 실수라고 조언했다.

"그토록 젊고 활기 찬 영혼을 갖고 살아온 사람에게 이제 새로운 체험을 즐기던 삶을 살 수 없다는 선고는 날개를 접고 추락하라는 것과 다름없는 뜻일 것입니다."

나는 그토록 매력적인 삶을 사는 것이 남편에게 주는 유리한 점을 나열하며 부인을 설득했다. 질은 변함없이 새로운 프로젝트를 시작하고 강연을 하거나 전시회를 열고자 바다를 건널 때마다 행복함을 느낀다고 했다.

질이 자신의 병에 대해서도 그토록 질문을 많이 하는 이유는 상황을 정확하게 이해하고 그 상황을 통제하기 위해서였다. 그는 무엇이 자신의 약점인지를 알고 싶어 했다. 제대로 알아야 제때에 그 약점을 공략할 수 있다고 생각하는 듯했다. 가령 언젠가 그는 매일 한 시간씩 유산소 운동을 하는 것이 건강에 도움이 되느냐고 물었고 나는 그렇다고 대답했다. 그리고 연령이 높은 사람도 운동을 하는 것이 매우 바람직하다고 설명했다. 운동을 하면 에너지와 활력의 원천인 엔도르핀이 분비되기 때문이다. 그 다음부터 그는 여행을 떠날 때마다 다양한 에어로빅 비디오테이프와 간이용 매트를 가방에 챙겨 넣는다. 호텔 방에서 운동을 하기 위해서다.

질은 새로운 모험을 즐겼지만, 스스로 위험을 통제할 줄도 알았다. 어느 정도 나이가 들면 오랫동안 집을 떠나 있거나 다른 나라를 다니는 여행을 스스로 자제하는 사람들도 있다. 그러나 질은 그렇지 않았다. 그는 계속해서 여행을 다니면서도 다른 한편으로 전보다 더 철저히 준비해서 여행해야 한다는 것도 잘 알고 있었다.

예를 들면 이런 식이다. 외국으로 나가기 전에 그는 내게 전화를 걸어 컨디션이 좋지 않다며 진료 시간을 예약한다. 이는 사실 무의식적인 행동이다. 다만 아무 이상이 없다는 안정감을 느끼며 외국으로 나가고 싶은 것이다. 또 만약의 비상사태를 늘 염두에 두고 준비한다. 즉 그는 내가 신뢰하는 심장병 의사가 없는 도시로는 여행을 떠나지 않는다. 그의 끊임없는 여행 덕분에 나는 전 세계 주요 도시의 최고 심장병 전문의들의 긴 명단을 갖게 되었다.

그러다 작년에 질의 대동맥 판막 협착 증세가 심해져서 나는 수술을 권했다. 그러나 그의 부인은 단호하게 거절했다. 부인의 이런 반응은 금실이 좋은 부부들에게서 자주 볼 수 있는 일이다. 그녀는 남편이 심장 수술을 받기 위해 수술실로 들어가는 것을 원치 않았다. 수술대에서 죽을 수도 있다는 생각에 두려워졌기 때문이다. 그리고 질에게는 아내의 의견이 무엇보다 중요했기 때문에 아내의 의지를 거스르는 결정을 내리지 못하고 있었다. 이들을 설득하느라 나는 수술대에서 죽을 가능성보다 판막을 수술하지 않아 죽을 확률이 훨씬 더 높다는 사실을 설명하는 데 모든 노력을 기울여야 했다.

긴 설득 끝에 마침내 질의 아내가 수술을 받아들였다. 결과적으로, 수술은 대성공이었고 몇 주일 후 질은 활동을 재개할 수 있었다.

언제나 현재를 사는 사람

질은 92세의 나이에도 삶에 대한 호기심을 간직하고 있으며 여전히 무언가를 배우고 있다. 진료실을 찾을 때는 언제나 부인과 함께 오는데, 이따금 놀라운 책을 가지고 올 때도 있다. 최근에는 미국 대법원에 관한 수필집을 읽고 있었다.

92세를 넘겼다는 것은 충분히 훌륭하고 가치가 있는 일이다. 이 나이를 넘긴다는 것은 유전적인 요인과 역사적, 지리적 환경 및 운의 요소가 모두 맞아떨어졌을 때 가능한 일이다. 그리고 질처럼 건강하게 90대를 맞은 사람들의 대다수는 건강을 유지하기 위해 의식적인 노력을 기울이면서 많은 공부를 한다. 그들을 하나같이 신체적으로 또 지성적으로 매우 적극적이다. 삶에 대한 열정을 갖고, 시간의 흐름에 맞서 영혼을 젊게 유지하는 방법을 알고 있다. 질은 정신적인 민첩성을 잃지 않기 위해 여전히 일을 하고 피아노를 치며 크로스워드퍼즐을 풀고 책을 읽고 운동을 한다. 내가 아는 한, 100세를 달성한 대다수의 사람들은 외향적이며 호기심이 많고 사교적이며 매우 적극적이다.

질을 한마디로 표현하자면 그는 '92세의 젊은이'다. 그는 늘 몇 개월, 심지어 몇 년이 걸리는 복잡한 일을 맡는다. 그리고 이런 중요한 프로젝트를 수생하는 데 예술가의 나이는 중요하지 않은 것 같다. 뿐만 아니라 심장 수술을 한 번 극복한 그에게 나이는 더 이상 의미가 없어 보인다. 가장 최근에 만났을 때 질은 앞으로 일을 덜 맡고 여행도 줄이기로 했다고 고백했다. 그런데 그 다음 날 호주에서 거대한 설치미술 작업을 의뢰해오자 그는 두 번 생각하지도 않고 그 일을 맡았고, 다시 아내와 함께 시드니로 날아갔다. 에어로빅 비디오테이프가 든 가방을 꾸려서 말이다. 질은 내게 전화를 걸어 작별 인사를 전하면서 과로하지 말라는 충고를 남겼다.

마음 치유를 위한
심리상자 ⑱

건강한 자존감이 중요하다

질은 활력을 유지하려면 배움과 근면함, 활동성의 날개가 필요하다는 것을 분명하게 보여주고 있다. 질처럼 건강과 열정과 에너지를 잃지 않고 92세를 넘긴다는 것은 선천적인 유전자와 성격, 삶의 경험, 환경 및 운에 좌우된다. 또 전형적인 노화현상을 최소화하고, 병을 견디기 위해 평생토록 어떤 노력을 기울이느냐에 따라서도 달라진다.

건강한 행동을 생활화하는 것이 유리한 투자인 것은 분명하다. 그러려면 많은 노력과 인내심이 필요하다. 우리 몸과 우리 자신에 대한 지식도 필요하다. 그리고 약간의 열정과 유연성, 규칙적인 운동, 정신적 및 사회적 활동도 필요하다.

실제로 삶의 경주에서 가장 어려운 부분은 바로 노년의 삶을 어떻게 건강하게 유지하느냐, 그 방법에 관한 대목이다. 노화는 우리의 몸과 정신과 주변 세상과의 관계에 영향을 주는 느리고 집요한 부식과 변화의 과정이기 때문이다. 그래서 많은 사람들이 노화의 과정을 무시하거나 심지어 부인하기까지 한다.

삶의 후반기에 접어들 때

나이에 대해 사회와 우리 스스로가 가지고 있는 편견과 틀에 박힌 생각을 극복하지 않고 늙어가는 법을 배우기는 사실상 매우 어렵다.

문화적인 가치는 노화에 부여하는 의미에 엄청난 영향을 미친다. 우리 사회에 노년에 관한 부정적인 의미가 많이 존재할수록 나이 든 많은 사람들이 행복의 문 앞에서 주저하게 된다. 그런데 특별한 사람 몇몇을 제외하고 대다수의 나이 든 사람들은 이런 편견을 가지고 있다. 이따금 그들은 스스로를 불필요한 존재라고 여기고 기쁨을 주는 활동을 모두 그만둔다. 충분히 그런 활동을 즐길 수 있을 때에도 사회적 관습에 어긋난다고 생각하는 경우가 적지 않다.

심지어 선진국에서도 65세 혹은 70세가 넘은 사람들은 행정이나 학문적인 기능을 수행하지 못하게 제한하고, 경영이나 손을 사용하는 일을 하지 못하게 금하는 내용의 법안을 선포한 적이 있었다. 그들의 능력이나 재능은 고려하지 않은 채 말이다. 출생일로 사람을 소외시키는 법이나 관습은 나이 든 사람들도 훌륭한 신체적, 정신적 조건을 가지고 있으며, 적극적이고 자족적인 삶을 누리고 있다는 점을 간과한 데서 비롯된 것이다. 동시에 그런 정책은 세월과 더불어 인간에게 쌓이는 경험의 장점을 평가 절하하고 있는 것이다.

삶의 후반기는 특히 지혜에 의해 그 색깔이 달라진다. 희망과 의지, 사랑 및 타인에 대한 관심과 삶의 유한성에 대한 현실적이고 냉정한 태도를 결합시키는 것이 바로 지혜다. 지혜로운 사람은 침착하고 관대하고 깊이 있고 일관적인 태도를 보이며, 중요한 것과 중요하지 않은 것을 구분하는 능력으로 지혜를 드러낸다. 역사적으로 나이 든 사람들의 지혜를 높이 샀던 위대한 문명과는 대조적으로, 나이에 호의적이지 않은 현대 사회는 이런 소중한 인간의 능력을 인정하지 않는 것이라 볼 수 있다.

이 모든 것을 미루어볼 때 나이 든 사람들을 직업 일선에서 내모는 관행은 시대에 역행하는 일이 아닐 수 없다. 오늘날 많은 전문가들이 인간의 수명이 점점 더 길어지면서 강제 은퇴를 개인의 선택으로 전환해야 한다고 주장하는 것도 같은 이유일 것이다.

나이 든 사람을 차별하는 관행은 인종이나 성별, 혹은 종교적인 이유로 사람들을 차별하는 부당하고 잔인한 관행과 근본적으로 다를 바가 없다. 특정한 인간 집단에 대해 차별하고 가치를 인정하지 않는 모습은 결국 우리 모두에게 좌절감만 안겨줄 뿐이다.

행복하게 늙어가는 법

노화의 생리적인 원인은 아직 확실히 밝혀지지 않았다. 이 자연스러운 과정이 인간의 유전자에 어떻게 새겨져 있는지도 분명하지 않다. 그러나 우리 모두는 충분히 만족하며 늙어갈 가능성을 높이는 방법을 얼마든지 배울 수 있다. 실제로 우리가 선택하는 삶의 방식과 노년의 활력이 많은 상관관계가 있다는 것을 뒷받침해주는 증거는 이미 충분히 존재한다. 예를 들어 담배를 피우지 않으며 규칙적인 운동을 하는 사람들은 담배를 피면서 게으르게 생활하는 사람들에 비해 더 오래 산다. 그뿐만 아니라, 몸이 노화되면서 자연히 걸리게 되는 병에도 더 잘 견딘다는 것은 이미 잘 알려진 사실이다. 이 세상을 떠나야 하는 시기에 죽음에 앞서 찾아오는 병을 앓는 기간도 더 짧다고 한다.

미래는 한정되고 현재는 가속화되는 반면, 과거는 재평가된다. 그렇기 때문에 이미 살아온 삶은 바꿀 수 없다는 사실을 받아들이며, 과거를 관대하게 재검토하여 해결되지 않은 갈등이나 실수, 잃어버린 기회와 화해하는 것이 중요하다.

또 어느 정도의 독립성을 유지하는 것이 중요한데 이는 언제나 쉽지 않은 일이다. 에너지가 제한되어 있기 때문이다. 몸과 감각의 노화는 점차 행동의 자유를 제한하고 몸의 기관은 고장이 나게 마련이다. 하지만 독립성을 유지하고자 결심한다면, 좀 더 독립적이고 활력 넘치며 적극적인 일상생활을 꾸려갈 수 있는 삶의 방식을 선택하게 될 것이다.

먼저 자포자기하고, 외롭고 쓸모없는 존재가 되었다는 생각 때문에 갖게 되는 두려움은 노년을 맞은 사람들이 느끼는 불안감의 주요 원천이다. 그렇기 때문에 노인들이야말로 다른 사람들과 관계를 맺고 의사소통을 하며 사회에 적극적으로 참여하는 것이 더욱 중요하다. 다른 사람들과 정서적인 관계를 맺는 것은 (그들이 어떤 사람이건 상관없이) 불안감의 해로운 효과를 가라앉히는 매우 뛰어난 해독제가 된다. 가정의 안과 밖에서 맺은 친밀한 관계는 활기찬 정서관계를 유지하고 과거와 현재의 경험을 공유할 수 있게 해준다. 다른 사람들과 긴밀하게 관계 맺으면서 소통하고 공감을 나누는 것은 나만 그런 것이 아니라고 하는 '보편성의 느낌'을 강화시켜주기 때문이다.

질처럼 엄청난 규모의 프로젝트에 몰두하는 것이 삶을 즐기는 원천이 될 수도 있지만, 보통 사람들은 작은 기쁨과 즐거움을 규칙적으로 느낄 수 있는 방법을 찾는 것이 더 효율적이다. 또 유머 감각으로 자극을 받을 수도 있다. 결국은 사소한 즐거움과 기쁨이 모여 만들어진 삶의 고리가 우리를 늘 기분 좋고 행복하게 만들어준다. 레바논의 시인, 칼릴 지브란Gibran은 그의 시집 《예언자》에서 이렇게 말했다. "아주 작은 것들에 맺힌 이슬 속에서 심장은 새벽을 발견하고 몸을 식힌다."

행복한 순간을 즐기는 것 외에도, 나약함을 이길 수 있게 해주는 좋은 전략이 하나 있다. 바로 행복을 주는 원천을 다양화하고 다각화하는 것이다. 우리는 삶의 만족감을 주는 원천을 단 하나에 의존해서는 안 된다. 우리가 하는 활동을 다양화해야 한 가지 활동에만 빠지는 일을 피할 수 있다. 가령 사회적 활동에서 느끼는 만족감은 개인적인 좌절감이 주는 충격을 완화시켜준다. 혹은 좋은 친구들과 친밀한 관계를 유지하고 있다면, 사랑하던 연인과의 이별로 인해 받은 충격에서 좀 더 빨리 벗어날 수 있도록 도움을 받을 것이다.

수십 년 동안 인간의 행동을 연구해온 많은 연구자들은 나이 든 사람이 자신의 삶에 만족하는지 아닌지를 판단할 때 그 사람이 건강한 자존감을 즐기고 있는지, 낙관적인 자세를 가지고 있는지, 그리고 자신의 일상생활을 충분히 통제하고 있다고 생각하는지를 따져본다. 이런 조건에 부합하는 사람들은 대체로 모든 일에서 긍정적인 측면을 보며, 이 세상이 제공하는 즐거움을 즐기고 있으며, 의사소통도 원활하다. 또 기쁨과 불쾌감을 다른 사람들과 공유하는 것을 좋아한다. 이들은 문제가 생겨도 결국 해결될 거라고 믿으며, 삶은 충분히 가치가 있다고 내면으로 느끼곤 한다.

인간의 삶을 연장하고 개선하는 것은 의학계의 숙원이자 도전 과제다. 하지만 영원히 사는 인간을 기대하는 것은 아무런 의미가 없다. 그것은 신의 영역이다. 노화는 인간의 존재에서 떼려야 뗄 수 없는 요소이다. 그렇기 때문에 인간이 이뤄내야 할 가장 현실적이고 현명한 도전은 영원한 삶이 아니라 삶의 질을 개선하는 것이다. 오늘날에는 합리적으로 길고, 건강하고, 만족하면서 사는 삶이 이미 몇 사람만의 특권이 아니라 대다수가 도달할 수 있는 현실이 되었다. 그러니 이제 우리 모두에게 주어진 과제는 살아가는 법과 늙어가는 법을 배우는 것이다.

불안한 몸과 마음을 위한 심리상자

초판 1쇄 발행 2011년 12월 15일
초판 2쇄 발행 2011년 12월 26일

지은이 발렌틴 푸스터, 루이스 로하스 마르코스, 엠마 레베르테르
옮긴이 유혜경
감　수 문지현
펴낸이 박선경

편집 • 임순지
마케팅 • 박언경
표지 디자인 • 이수경
본문 디자인 • 김남정
제작 • 펙토리

펴낸곳 • 도서출판 갈매나무
출판등록 • 2006년 7월 27일 제395-2006-000092호
주소 • 경기도 고양시 덕양구 화정동 965번지 한화오벨리스크 1501호
전화 • 031)967-5596
팩시밀리 • 031)967-5597

isbn 978-89-93635-26-3/03320
값 13,000원

• 잘못된 책은 구입하신 서점에서 바꾸어드립니다.
• 본서의 반품 기한은 2016년 12월 31일까지입니다.